Basics of honorific skill

肝心なところは、だれも教えてくれない
72のテクニック

敬語力の基本

梶原しげる
Shigeru Kajiwara

日本実業出版社

はじめに

「敬語をしゃべるのが苦手だ」「失礼にならないか心配だ」

きびしい上司、こわい先輩、大切な取引先を前にして、緊張してしまって、敬語がうまく話せない…。そんな苦痛を感じたり、苦手意識を持っている人もいるのではないでしょうか？

その気持ちが、私には痛いほどよくわかります。私自身が、敬語で苦労し、うまく使えなかったからです。

私は大学を卒業してラジオ局のアナウンサーとして仕事を始めました。最初の仕事がスポーツ担当。「素人」を「プロ」に育てるための先輩のきびしい指導に加えて、学校を出たての若造が、そうそうたる選手や球団関係者、かつてのスター選手だった解説者といった「大人たち」から情報を取ってこなければなりません。えらい方々ばかりだから敬語は必須。でも、若造は緊張してしまうし、まともな敬語がしゃべれない。したがって、うまい取材ができません。

「もっと踏み込んだ話を聞き出してこい！」と怒鳴られました。「ああ、敬語が自在にしゃべれたら」そう思う日々の連続でした。

本書『敬語力の基本』は、そんな若かりしころへのリベンジをこめてつづりました。

まともに大人と口のきけなかった私が、あれから30余年。アナウンサーとして、そして大学院で新たに学び直し、コミュニケーションをテーマに『すべらない敬語』（新潮新書）を始め、多くの著作を発表してきました。そのなかから、わかりやすく、実践に役立つ「敬語力の基本」をお届けしましょう。

「簡単なところ」から敬語をマスターすることを意識し、構成しました。そのため本書では、敬語学習の手順をほかの本とはまるで

違った形で示しています。

「尊敬語」から「謙譲語」という一般的な流れで書いていません。「態度」や「です・ます」といった「超」簡単なものから順々にクリアーし、次々達成感を味わってもらいます。気がついたら最終章まで読み進み、読後、身体に敬語が入り込んでいた！　そんな感じに驚くでしょう。さらに、「オススメ」「アリ」「ダメ」という形で、実例を紹介していきます。その例を通じて、使い勝手のいい、「仕事で使える敬語表現」も体得できます。

敬語は口に出し、身体に響かせ、叩き込むことでよりいっそう完璧に自分のものにすることができます。本書では、具体的なエピソードと、実践的な会話例をふんだんに用意しています。目で読むだけでなく、どうか声に出して何度もそれを自分の耳に聞かせてください。できれば自分の声を録音するぐらいの気持ちで読んでいけば、効果は3倍、4倍と増すはずです。

敬語は「基本」さえ押さえておけば、決してむずかしくありません。敬語がすらすらしゃべれるようになれば、上司や取引先の信頼も厚くなり、先輩からはかわいがられ、同僚からは、頼もしいやつ、デキルやつと人望が集まります。おもしろいように仕事がはかどり、自分の本来の実力を発揮できる素地が整えられるでしょう。

なお、本書は、若いビジネスパーソンに向けて書きましたが、部下や後輩の言葉づかいが気になる方、彼らを指導する立場にある方にもお役に立てるものと確信しております。

2010年4月

梶原しげる

CONTENTS

はじめに

第1章 ［「態度の敬語」は言葉の敬語より強い!?］

- hint 01 「態度の敬語」ってどんなもの？ …… 12
- hint 02 きちんとあいさつする …… 14
- hint 03 返事はハキハキ、動作はテキパキ …… 16
- hint 04 服装をチェックする …… 18
- hint 05 相手の話のトーンに合わせて相づちを打つ …… 20
- hint 06 メモを取って話を聞く …… 22
- hint 07 相手の立場に立って行動する …… 24
- hint 08 「注意」されたときにはまず謝る …… 26
- hint 09 大切な初対面で名刺を交換する …… 29
- hint 10 お客を応接室や会議室に案内する …… 32
- hint 11 「上座」と「下座」を理解しておく …… 34

第1章のまとめ …… 38

第2章 「です・ます」だけでも失礼はない!?

- hint! 12 「ッス」は敬語ではありません …… 41
- hint! 13 「おいしいです」は間違い? …… 44
- hint! 14 「ます」の威力 …… 46
- hint! 15 「ございます」で上品さを演出する …… 48
- 第2章のまとめ …… 52

第3章 丁重語でかしこまった雰囲気を演出する

- hint! 16 「参る」は「行く、来る」の丁重語 …… 58
- hint! 17 「申す」は「言う」の丁重語 …… 62
- hint! 18 「いたす」は「する」の丁重語 …… 64
- hint! 19 「おる」は「いる」の丁重語 …… 66
- hint! 20 「存じる」は「思う、知る」の丁重語 …… 68
- 第3章のまとめ …… 70

第4章 [「プチ敬語」でていねいな印象を与える]

- hint! 21 「くだけた表現」を「あらたまった表現」に言い換える …… 74
- hint! 22 上手にお願いする、相談する …… 77
- hint! 23 不愉快な思いをさせずに、急な仕事やお酒の誘いを断る …… 81
- hint! 24 えらそうな印象を与えずに、意見やアドバイスを述べる …… 85
- hint! 25 おわびの気持ちをうまく伝える …… 88
- hint! 26 目上をはげましたいとき …… 91
- hint! 27 助けてあげたい、救いの手を差しのべたいとき …… 92
- hint! 28 自己演出の「美化語」を使う …… 94
- hint! 29 「お」「ご」には、3種類の使い方がある …… 97

第4章のまとめ …… 98

第5章 尊敬語を使って好感度をアップする

- hint! 30　パターン①「お」「ご」で尊敬表現をつくる …… 104
- hint! 31　「お」「ご」の尊敬語を、美化語や謙譲語と間違えない …… 107
- hint! 32　パターン②「一般型尊敬語」…… 109
- hint! 33　「お（ご）～になる」…… 110
- hint! 34　「お（ご）～なる」と「お（ご）～できる」ってどう違う？ …… 112
- hint! 35　「れる、られる、される」（尊敬の助動詞）…… 114
- hint! 36　「～なさる」「お（ご）～なさる」…… 117
- hint! 37　「お（ご）～だ（です）」…… 118
- hint! 38　「～て（で）いらっしゃる」…… 119
- hint! 39　「お（ご）～くださる（ください）」…… 120
- hint! 40　パターン③「特定型尊敬語」…… 122
- hint! 41　「いらっしゃる、おいでになる」は「来る」の尊敬語 …… 123
- hint! 42　「いらっしゃる」は「行く、いる、である」の尊敬語 …… 124

- hint! 43 「見える、お越しになる」は「来る」の尊敬語 …… 125
- hint! 44 「なさる」は「する（なす、行なう、やる）」の尊敬語 …… 127
- hint! 45 「おっしゃる」は「言う」の尊敬語 …… 129
- hint! 46 「召し上がる」は「食べる、飲む」の尊敬語 …… 132
- hint! 47 「ご覧になる」は「見る、してみる」の尊敬語 …… 135
- hint! 48 「くださる」は「くれる、〜してくれる」の尊敬語 …… 138
- hint! 49 「召す」は「着る、飲む」の尊敬語 …… 141
- hint! 50 「ご存じ」は「知っている」の尊敬語 …… 142

第5章のまとめ …… 144

第6章　謙譲語が使えれば敬語はOK！

- hint! 51 謙譲表現には3パターンある …… 149
- hint! 52 パターン①短い表現で謙譲語にする …… 150
- hint! 53 漢字の謙譲表現を使いこなす …… 152

- hint! 54　パターン②「一般型謙譲語」…… 154
- hint! 55　「お（ご）～する、いたす」は「する」の謙譲語 …… 155
- hint! 56　「お（ご）～できる」は「～できる」の謙譲語 …… 157
- hint! 57　「お（ご）～申し上げる」は「～する」の謙譲語 …… 158
- hint! 58　「お（ご）～願う」は「～してほしい」の謙譲語 …… 159
- hint! 59　「お（ご）～いただく」…… 160
- hint! 60　パターン③「特定型謙譲語」…… 161
- hint! 61　「伺う」は「行く、来る、聞く、たずねる」の謙譲語 …… 162
- hint! 62　「申し上げる」は「言う」の謙譲語 …… 165
- hint! 63　「存じ上げる」は「知る」の謙譲語 …… 167
- hint! 64　「差し上げる」は「やる、あげる」の謙譲語 …… 168
- hint! 65　「拝見する」は「見る」の謙譲語 …… 170
- hint! 66　知っておくとカッコいい漢字の敬語 …… 173
- hint! 67　「承（うけたまわ）る」は「聞く、引き受ける、承諾する」の謙譲語 …… 174
- hint! 68　「いただく」は「もらう、食べる、飲む、～してもらう」の謙譲語 …… 178
- hint! 69　「頂戴する」は「もらう」の謙譲語 …… 179

hint! **70**「させていただく」は
　　　　「する（させてもらう）」の謙譲語 …… 181

hint! **71**「お目にかかる」は「会う」の謙譲語 …… 185

hint! **72**「お目にかける」は「見せる」の謙譲語 …… 186

第6章のまとめ …… 188

おわりに

コラム **マニュアル敬語に気をつけよう** …… 50

コラム **「お客様だから」と、えらそうにしていませんか？** …… 80

コラム **「承知する」「了解する」は謙譲語なの？** …… 176

Memo

なんで、初めてなのに、「いつもお世話になっております」なの？ …… 15
最強の「態度の敬語」は、緊張？ …… 17
「なるほどですね」はアリ？ …… 21
資料の渡し方が、印象を左右する？ …… 25
「ごめんなさい」「すみません」は使ってはいけない？ …… 28
名刺交換で好印象をゲットする魔法の言葉って？ …… 31
会議室へ通したらドアをきちんと閉めよう！ …… 33
お礼を言うまでがお酒の席！ …… 35
目上の人に「ご苦労様です」はなんで失礼なの？ …… 43

「か」とり問題──「なります?」は失礼か、誤用か? …… 45
「ありがとうございました」か「ありがとうございます」か? …… 47
「資料をご持参ください」は誤りではない? …… 60
アナウンサーは「日本語の番人」? …… 65
「お」は和語に「ご」は漢語につけるのが原則 …… 105
ペットを「人」とみなす人、みなさない人のズレ …… 134
目上に「〜ください」は失礼に感じる人も!? …… 139
「ご説明します」「説明いたします」「ご説明いたします」? …… 156
日本とまるで違うお隣韓国の敬語事情 …… 166
政治家に多い「を」入れ言葉 …… 172
「お名前様頂戴できますか?」の起源は英語? …… 180
「させていただきます」連発は慇懃無礼? …… 184

カバーデザイン◎井上新八
イラスト◎大塚たかみつ
本文DTP◎ムーブ(川野有佐)

第1章

「態度の敬語」は言葉の敬語より強い!?

「態度の敬語」ってどんなもの?

たとえば、ケーキ屋の店員が、店のドアが開いて来客があったときの態度を見てみましょう。

ダメ▶ ショーケースを一生懸命ふきながら、ドアの開く気配に反応し目もくれず「いらっしゃいませこんにちわー」と言う。

オススメ▶ ショーケースをふく手を一瞬止めて、立ち上がり、お客のいる入口に身体を向け顔を見て、「あ、いらっしゃませ!」にっこり笑顔で出迎える。

同じ言葉でも態度で印象が違う

1 「態度の敬語」は言葉の敬語より強い⁉

同じ「いらっしゃいませ」という言葉でも、機械的な反射では、歓迎している気持ちがまるで伝わりません。「ああ、せっかくふき掃除やってるのに邪魔が入っちまった」などという、拒絶の空気さえお客に届いてしまいかねません。

態度とちぐはぐな「言葉の敬語」は、お客だけでなく、周囲の仲間のモチベーションを低下させます。「態度の敬語」は、たいへん重要なものなのです。

「自分がお客の立場、取引先の立場」になって考えれば、「うわすべりな言葉の敬語」より「態度の敬語」のほうが、大事にされている感じがすることでしょう。でも、意外とそれができていない、気が回らないから、あらためて「大事だ」と伝えたいのです。

「態度の敬語」を軽んじたせいで、「無礼者」「不遜なやつ」「生意気で意地悪」「気がきかない」「感じが悪い」など、失礼な印象を与えてしまっている人が少なくないものです。「言葉の敬語」を使わなくても、「態度」「行動」という「ふるまい」で敬意を表わすことができます。私はこれを「態度の敬語」と呼んでいます。

たとえば、「話す相手に顔や身体を向ける」「距離に応じた音量で話す」「笑顔で迎える」「背筋を伸ばす」「適度にうなずく」「相手が急いでいるときは、こちらも敏速さを見せる」「ゆったりした相手にはゆったりと合わせる」「いつも清潔な身なり、服装を心がける」など、これらはまさに「態度の敬語」です。

次ページからは、仕事のよくある場面で、心がけてほしい「態度」を紹介します。「言葉の敬語」を使わずに、「態度の敬語」であなたの好感度がアップする状況を見ていきましょう。

hint 02 [きちんと あいさつする]

あいさつは、人間関係の基本です。朝、会社に行ったり、お客の会社へ訪問したり、人と会ったら、まずはあいさつを交わします。

●上司と朝一番に顔を合わせたとき

> **ダメ▶** はずかしい、気まずいと、見て見ぬフリを決め込む。または、その場を逃げるようにして通り過ぎ、小さな声で「おはよーす」と、めんどくさそうなしぐさで頭ぴょこん。
>
> ↓
>
> **オススメ▶** 「あ、部長と朝一番に会えた。今日は縁起がいいぞ」と心の中でつぶやいて、喜びの表情を笑顔に込め、いったん立ち止まる。相手の顔をしっかり見て元気に「おはようございます」と声を発し、背筋をのばし、腰から上、30度曲げるぐらいのお辞儀をする。

「なんだ、態度の敬語ってそんな簡単なことか」と拍子抜けしたかもしれません。しかし、あなどることはできません。

「おはようございます」「こんにちは」「失礼します」そんなちょっとしたあいさつでも、明るく元気な声、さわやかな態度を心がけるだけで、印象はまるで違ってきます。できて当たり前だからこそ、きちんとあいさつしましょう。

明るく元気な声で語尾までハッキリと

1 「態度の敬語」は言葉の敬語より強い⁉

Memo
なんで、初めてなのに、「いつもお世話になっております」なの？

　学生のときに使わなかった言葉で、社会人になってよく使うものに、「いつもお世話になっております」があります。
　取引先から「いつもお世話になっております」と言われて、「いや、初めてなんですけど…」と返事しようものなら、「この子、常識のない子だなぁ。この会社は、どんな教育してるんだ」と思われるでしょう。
　「初めてだし、お世話になんてなってないしー」「お世話になるのはこっちなのに」などと疑問に思う人もいるようですが、これは社会人の一般儀礼的な決まり文句として理解しておきましょう。
　日ごろ、お世話になっている人にはもちろん、これからお世話になる人への大切なあいさつです。

hint 03 ［返事はハキハキ、動作はテキパキ］

声をかけられたときに、どんな返事をするのか、どんな動作をするのかというのも立派な「態度の敬語」です。

●上司に声をかけられたとき

> **ダメ▶** 「ふわーい」と気のない返事、または返事もない。キーボードをたたきながら、めんどうくさそうに声のする方向をながめ回し、もう一度声をかけられるまでパソコン作業をつづける。
>
> ⬇
>
> **オススメ▶** 「ハイ」ときっぱりした声で返事をし、すくっと立ち上がり、すばやく声のする方向に体を向け、声の主に足早に近づく。上司が話し始めたら身を乗り出し、相手の話の内容に応じて、相づちを打ち、うなずきながら「聴いてますよ」のシグナルを送りつづける。

「最近の若い子は元気がなくて……」という愚痴をこぼしているオジサン連中も少なくありません。

ハキハキした返事や、テキパキした動作は、元気で若々しい印象を与えます。さらに「こいつは人前に出せる」と思ってもらえます。人前に出してもらうことは、仕事の体験をより多く積むチャンスや、重要な仕事を任されるチャンスが、増えることを意味します。

電話でも、笑顔でハキハキ答え、相づちをしっかり打ち、メモを取りながら正確に聞き取りましょう。「態度の敬語」を忘れずに。

Memo
最強の「態度の敬語」は、緊張？

「君、学校はどこ？」
ある人が入社したてのころ、社長に声をかけられたそうです。新聞や雑誌に、よくインタビューが掲載される有名経営者です。
「○×大学政治経済学部を、この春卒業いたしました。社長も私の学校をご卒業と伺いましたが」
こんなふうに、すらすら言おうとしたのに実際は……。
「はい！（しどろもどろになりながら）えー、私、○×大学の、おー、経済、ではなく政治経済学部をなんとか卒業しました、はい！」
会社のトップから、声をかけられた緊張と驚きのあまりあたふた。（あー、しまったー）後悔するが手遅れか？
しかし、社長は意外にも笑顔で「楽にしなさい。先は長いんだからね。頼りにしてるよ」と優しい声をかけてくれたそうです。「なんて心の広い人だろう」社長への尊敬を募らせる若者。
こんなやりとりを、聞かせてくれた若者がいました。
社長は、もともと心の広い、ステキな人なのかもしれません。しかし、社長をここまで気持ちよく笑顔にさせたのは、若者の「態度の敬語」が功を奏したからだと私は考えます。
「言葉の敬語」以上に、威力を発揮するのが「態度の敬語」なのです。とくに若者が、自分の前で緊張したり、あがったりする様子は、目上から見ると、初々しく、好ましいものです。「この子はオレのことを、大事な人だと思っているんだなあ」という感じがひしひしと伝わるものです。
目上への敬意を表わすには、「達者な言葉の敬語」ではなく、「緊張、あがり」という「態度の敬語」が勝ることがあります。
「緊張」は最強の「態度の敬語」になりえるのです。

hint 04 　服装をチェックする

　返事や動作のことを紹介しましたが、服装においても「態度の敬語」を意識します。

●上司に呼ばれたとき

> **ダメ▶** ワイシャツのまま、しかも第一ボタンまではずして、ネクタイゆるゆるで怪訝（けげん）な表情で行く。ズボンは「腰ばき」。これでは文句をつけに殴り込みに行く「悪意を伝える、態度的無礼語」となります。
>
> ⬇
>
> **オススメ▶** 働きやすいように脱いでいた上着をきちんと羽織り、ゆるんだネクタイもきつく結んで、あらたまった表情で行き、上司の机の前で上着のボタンがきちんとしまっているか確認するしぐさをして背筋をのばす。

　服装にまつわる一連の動作、しぐさで、目の前の相手をどう待遇するのかが「態度の敬語」です。服装も重要な要素の１つです。

　「出かけるぞ」と上司に言われたら、さっとスーツを羽織り、上司が重そうな荷物を持っていれば「私が」と言って率先して持つ。エレベーターでは、先に進み、降りる階のボタンをいち早く押す。こういう行動、しぐさ、表情すべてをひっくるめて「態度の敬語」です。上司であれ、取引先であれ、立てるべき相手を前にしたとき、

こんな身だしなみはダメ

態度の敬語を意識しないと対人関係はスムーズに機能しません。

なお、女性が、シャツの胸をはだけたり、露出の高い服を着たり、派手なメイクやネイルをしたりするのは、好ましいものではありません。それが相手を高めるうえで必要であると、意図的に考えるのであれば「態度の敬語」と言えなくもありませんが……。

高めるべき人物を前にしたときは、あなたの「趣味」「都合」よりも、「相手にとって望ましいこと」「場としてふさわしいこと」を最優先で考えるのが基本。これが「態度の敬語」の極意です。したがって、仲間内、恋人同士では「態度の敬語」への配慮はあまり必要ありません。

［相手の話のトーンに合わせて相づちを打つ］

話の内容や相手の表情に、こちらの相づちのトーンを合わせるようにします。

●上司の話を聞いているとき

ダメ▶ 上司の話の内容を上の空で聞き、内容に関係なく、ハキハキした返事ばかりをくり返す。「はい！」「はい！」「ええ！」「ええ！」ならまだしも、「ほうほう」「ほー」「へえへえ」「へー」「うんうん」となると「あなたをバカにしています」というメッセージが相手に伝わります。

⬇

オススメ▶ 上司の話す内容や口調に合わせた相づち。うなずき。ひそひそ声なら、こちらも声を落し「ええ」「はい」「はあ」を、声半分、息半分程度で返す。うれしそうな話なら、満面の笑顔で、多少大きめの声を上げ「わー！」「すごい！」「やったー！」「やりましたね！」、ときには、言葉にならない大笑い、というのもアリです。

「態度の敬語」において、態度や服装と同様に重要なのは、「話のトーン」です。「音声」には、「音自体」にさまざまな意味がふくまれています。これをパラ言語と呼び、1つの言語です。

同じ「はい」のひと言でも、音声に「小馬鹿にした調子」「軽ん

空気を読まない相づちは失礼

じた調子」「かしこまった調子」「ていねいな調子」「憐憫の調子」「さげすみの調子」など、さまざまな感情をこめることができます。

「音」で表現する「話のトーン」も、態度の敬語の大切な要素です。「言葉の敬語」だけでは十分ではないことが、おわかりいただけますね。「気を抜いた声を出すな」「場にふさわしい声を出せ」を心がけるようにしましょう。

> **Memo**
> ### 「なるほどですね」はアリ？
>
> 「なるほど」とは、「自分では気づかなかったことを他人に示されて、確かに！と納得・同意する気持ちを表す間投詞・感動詞」（明鏡国語辞典）とあります。本来、これは相づちを打つ場面などで、上下関係なく単独で使用します。
> ところが「なるほど」は短い4文字4拍。「短い言葉での返答は、目上を敬う気持ちが不足するのではないか」と感じる人が多いのでしょう。そこで、ていねい語の「です」と、語尾をやわらかくする「ね」を加え、「なるほどですね」が誕生したものと思われます。
> 違和感あり、の声もありますから「なるほど、そうですか」ぐらいが適当でしょう。

hint 06 メモを取って話を聞く

> 態度の敬語で活躍するのは「メモを取る」という行為です。どうでもいい人の話をメモする人はふつういません。

●上司に仕事について説明を受けるとき

ダメ▶ 黙っていきなりメモを取り始め、終始話している人の顔を見ることなく、ひたすら筆を走らせる。一度も顔を上げず、目を合わさない。筆記用具を、くるくる回したり、メモの用意をしながら、実はなにも書かない。

↓

オススメ▶ 「メモ取ってもいいでしょうか？」と了承を得てからメモを取る。相手が「ここぞ」というポイントをはずさないで、強調したがっているところをとらえて、感心した表情で筆を走らす。相づち、うなずき、適度な質問も忘れない。

「メモを取る」という行為は、「態度の敬語」のなかでもとくに有効です。メモを取るメリットは、3つあります。

❶メモを取っていると話し手を乗せられる

上司は「オレの話を重要だと思って聞いてくれてるんだな」と、尊重されているように感じるものです。「そんなに熱心に聞いてくれるなら、なるべく端的に、簡潔に、まとまりのいい話を心がけよ

う」と、意識してくれるかもしれません。これは聞く側にとっても大きなメリットです。

❷相手の話の要点が浮かびあがってくる

メモに残しておけば、内容を再確認できます。そこで、読み返して、疑問があれば、あとから「恐縮ですが」と質問する。そうすれば、さらに熱心なやつだ、とかわいがられることになります。

❸厳しい視線を向けられても、自然に目をはずせる

相手の話に「ほー！」と感心して大きくうなずきながら、目をメモに落とせば、視線を避けているふうには見えません。熱心に話の要点を書き込んでいる、まじめで素直な、部下、後輩、と受け止めてもらえます。「目を見て話を聞くものだ」と言いますが、適度に視線をはずしたいときに、たいへん便利です。

このように、先輩や上司の気分をよくし、自分の仕事にも役に立つメモ取り。ビジネススキルとして大事な行為です。メモ取りが、上司や顧客を喜ばせる「態度の敬語」のなかでとくに有効だという意味も理解できましたね。

「おーい、ちょっと話があるんだ」と上司先輩に言われたり、「ちょっと聞いてほしいことがあるんだけど」と取引先に声をかけられたら、迷わずメモ帳と筆記用具。つねに用意しておきましょう。

なお、仕事で使う筆記用具は、キャラクターものなど、幼稚な印象を与えるものは避けたほうがいいでしょう。

相手の立場に立って行動する

　「言葉の敬語」同様、高めるべき相手の立場に立つことが「態度の敬語」にも求められます。

●上司から「資料はあるか？」と聞かれたとき

> **ダメ▶** 「はい！　あります」元気よく答えて、にこにこしている。上司の「あるか？」という言葉が、「資料を見せなさい」と命令していることに気づかない。立てるべき相手の「真意」を推し量ろうとしない。
>
> ⬇
>
> **オススメ▶** 「はい！」と言うやいなや、自分のデスクに足早に向かい、相手が求める資料を即座にそろえ、上司の元になるべく早く戻る。懸命で真摯(しんし)な態度がより強い敬意となって伝わる。持参した資料は上司が見やすい方向に向けて、両手で渡すなり、テーブルに広げるなりする。相手の状況に気を配る。

　上司は「〜してくれ」と、つねにストレートに指示するわけではありません。「〜はあるか？」「〜あったっけ？」という言葉は、「疑問」ではなく「指示」「命令」と受け止めるべきです。
　上司や先輩の思いを察知して、すぐさま行動に移す。言葉で四の五の言う前に俊敏に動く。これが「態度の敬語」で重要な点です。

Memo
資料の渡し方が、印象を左右する？

資料の渡し方も、おろそかにできません。
あらためて確認しておきましょう。

❶ ひと声かけてから、相手が見やすい向きで渡す

「失礼します」とひと声かけたのち、文字の流れや向きなど、相手が見やすい向きで渡します。自分のほうに向けて渡すのは、目上に対する配慮が伝わりません。

❷ 資料は両手で渡すのが基本

資料を、ぞんざいに片手で渡しては「失礼なやつだ」となるでしょう。

両手で渡せば、相手を立てる「態度の敬語」になります。両手がふさがっていて、やむをえず片手で渡すときには、「片手で失礼します」とひと言そえると、ていねいな印象になります。

❸ 配布するときは目上から順番に

資料の配布も立派な仕事です。多くの人と接点をもち、簡単な会話を交わせるチャンスです。ここでも、ルールがあります。基本的に、目上から配るようにします。会議においても同様に目上が先。

慣れるまでは、年次や序列がよくわからないかもしれませんが、先輩に確認したり、ふだんから敏感に意識しておくようにしましょう。

❹ 重要資料は裏を向ける

配布する相手が席をはずしていることもあるでしょう。そのときは、基本的には裏に向けておいておきましょう。

経営に関する重要な数字、お客の個人情報などのように、大切な情報が書かれている資料は取扱いに注意しましょう。

[「注意」されたときには まず謝る]

上司や先輩から、注意されたり、叱られたりするとき、どういう受け止め方をするか、たいへん大切なポイントです。

ダメ▶｜「すいませんでした」と口では謝っていながら、ふてくされたトーンが感じられたり、ふくれ面、逆に笑いながら、という、謝罪の言葉にそぐわない表情が見えてしまう。

オススメ▶｜すまなそうにかしこまり、自分で自分の頭をたたいて見せたり、頭を抱えて見せたりして、自分の犯したミスを悔いている表情をわかりやすく伝える。

1 「態度の敬語」は言葉の敬語より強い⁉

　あなたが悪くないと思っていることについても、注意されたり、叱られたりすることもあるでしょう。そんな場合でも、まず「申し訳ありませんでした」と謝ります。

　これは「自分が悪いから謝罪している」というのではなく「そのような誤解を与えたこと自体、説明不足。申し訳ないことをした」と考えておくようにしましょう。

　自分を責めるのではなく、自分を納得させておくようにしておけば、ストレスを感じることがありません。

　社会に出れば、この手の理不尽なことは日常茶飯事。いちいち"正論"を吐いていると対人関係が悪くなるばかり。まず一歩引いて、相手が冷静になったところで折を見て、「ご迷惑をおかけしました。ところで、こんなこともありまして」とおだやかに、それまで言えなかった事実をさりげなく切り出すことができます。これなら、相手の面子をつぶすことを避けられます。「態度の敬語」で大事なのは、相手の面子への配慮なのですから。

●上司から注意を受けるとき

ダメ▶	あごをあげるように立ちはだかる。「いや、それは、ですから、実はですね」と反論する。
オススメ▶	頭を垂れ気味に前に立ち、「申し訳ありませんでした」とまず謝る。それ以外は聞かれたことにだけ答える。小言の途中、自分に非があると思われるところでは、「あー！」「うー！」と、力みもがくようなため息で、懺悔（ざんげ）の気持ちを表現する。

注意した側が、まず相手に求めるのは「反省、後悔の態度」。最も好まないのは「言いわけ」「無反省的態度」です。

　理不尽な注意、とがめもあります。だからといって、間違っていることを論理的に指摘しても「なるほど、それはオレが悪かった。君にはすまないことをした」と素直に謝罪する上司などほとんどいません。部下に謝るなど、自分の沽券(こけん)にかかわる、面子がつぶれる、ということを気にする上司や先輩のほうが多いからです。

　まずは「態度の敬語」で、高めるべき相手の面子をつぶさないよう意識しましょう。心から尊敬する必要なんかないんですよ。立場上、上に立てる、高めて待遇すべき人、と割り切ればいいのです。

Memo
「ごめんなさい」「すみません」は使ってはいけない？

　「ごめんなさい」は、仕事をするうえでは、あまり使いません。謝るときには、「失礼しました」「申し訳ございません」と謝るのが望ましいものです。

　「すみません」や「すいません」は、目上には使いません。よって、「失礼しました」か「申し訳ございません」を使うようにしましょう。

　「失礼しました」は、礼儀に反した行為をしたときに使いますので、これを基本としておくといいでしょう。

　「申し訳ございません」は、「言いわけもできないほど、ご迷惑をかけてごめんなさい」という意味です。

　そのときの状況に応じて、謝る言葉を使い分けましょう。

　「反省してまーす」と語尾をのばすと、「お前は、反省してないだろ！」とさらに怒られても、仕方ありませんね……。

大切な初対面で名刺を交換する

名刺交換は出会いの大事な儀式です。まさに「態度の敬語」が活躍する場面です。

● 初対面の相手と名刺交換するとき

> **ダメ▶** 角の折れた名刺、丸まった名刺を、財布から出して渡す。おしりのポケットから取り出し、片手で突き出す。
>
> ⬇
>
> **オススメ▶** 「私、岸田商事の中山と申します」とゆっくり落ち着いて名を告げながら、すでに左の手のひらに隠し持っていた名刺入れから出した名刺を名刺入れに乗せて、相手の名刺のちょっと下の位置に両手で差し出す。名刺の向きは当然ながら、相手が読める方向に。

「えー、私（わたくし）、○部の何々と申します。このたび××部に異動を申しつけられました。御社様には▲▲で、お世話になるかと存じます。どうかお引き立てのほど（ぺらぺら）」

初対面で「言葉の敬語」を並べ立てても、「態度の敬語」がともなっていなければ、相手は「配慮されている」という実感をまるで持てません。

「しゃべりの敬語」でいっぱい、いっぱい。名刺の渡し方まで気が回らず、「おかしいな、まだあったんだよなあ」などとつぶやき

ながら、おしりのポケットから、角が折れたり、丸まったりした名刺を取り出す。または、名刺入れではなく財布を開いて、札や、病院の診察券、キャッシュカードの束の中からひっぱり出したりする。しかも、まるで街頭のティッシュ配りのお兄ちゃんみたいに腕を突き出すようにして片手で渡す。もらった相手の名刺を、見もしないでポケットや財布に突っ込んでしまう。もう、最悪です。

　名刺交換という大事な儀式をつつがなく終え、良好な対人関係をスタートさせるためにも、名刺交換の一連の流れを練習しておきましょう。スマートに名刺を渡すことは「あなたを大事だと思っていますよ」とのメッセージ。それそのものが「態度の敬語」なのです。

　名刺を渡すときは相手に近づく。椅子やテーブル、他人越しで渡さない。手を軽くのばせば、ちょうど相手に名刺が届く距離まで近づいたところで、相手の目線のわずかに下あたりに恭しく差し出す。
　相手もそれに答えて名刺を渡してくれるから、自分が渡した位置よりわずか上で受け取り（心の中で、あなたの名刺はあなたそのもの、とても大事ですからと思いつつ）、さらに恭しく頭を下げて受け取り、そのあとしっかりと名刺に目線を集中させ、部署、役職とともに、名前を頭に叩き込むように真剣に見る。

　すでにふれましたが、相手への敬意を表現するときは、ものの受け渡しは、極力「両手で」を原則とすることです。片手で渡すと「ほら、これ」と相手をさげすむメッセージが伝わってしまいます。「態度の敬語」の基本でしたね。

名刺交換の基本をチェックしておこう

▶基本的に目下から

目下・訪問者から差し出すのがルール。目上が先に名乗ったときは、「申し遅れました」とひと言そえる。

▶同時に交換するときには

右手で渡して、左手で受け取る。自分が渡す名刺の位置よりも、相手の名刺を上で受け取る。

▶両端を持つとていねい

相手の社名や氏名などに、指がかからないように受け取るとスマート。

▶すぐにしまうのはダメ

名刺はテーブルの上にそのままおいたり、すぐにしまわず、名刺入れの上においておく。

Memo
名刺交換で好印象をゲットする魔法の言葉って？

　名刺交換は、「第一印象」をよくするための、唯一のチャンスですから、1つのスキルとして習得したいものです。
　先日、あるビジネスパーソンと名刺交換したとき、「はじめまして、K田です。梶原さん、お会いできてうれしいです。どうぞよろしくお願いします」とあいさつする人がいました。
　この「相手の名前を呼ぶ」というのは、もっとも簡単で効果的な配慮のメッセージです。ぜひ使ってみましょう！

「態度の敬語」は言葉の敬語より強い!?

hint 10 お客を応接室や会議室に案内する

来客を会議室に案内するときにも、態度の敬語が大事です。

ダメ▶ お客を無視してさっさと、自分のペースで目的地を目指す。自分にとっては通り慣れた通路でも、相手は初めてで、曲がり角など戸惑うこともあるはず。部屋のドアを開けて、そのまま自分が先に入ってしまう。これでは来客は、拘置所に収監される被告気分になってしまう。

↓

オススメ▶ 絶えず後ろのお客の様子を気にするそぶりで、優しい微笑みで振り向き振り向きしながら、手で時折目的地を指し示す。「あの角を左に曲がったところで、まもなくです」というような情報もそえて話しかける。

　初めての場所、初めての相手。訪問者はなにかと緊張しているものです。迎える側は、自分にとっては直接の商談相手でなくとも、社を代表する気持ちで接客することが求められます。このときの態度を社内の誰が見ているかわかりません。

　「今度の新人は、常識がないやつだなあ」「愛想がないよなあ」という悪評が立ってしまうのはこういう場面なのです。新人にとっては、社内の評判をえるのが最初の関門。来客を案内するのは、絶好のチャンスなのです。

　ちょっとしたしぐさ、言葉がけが「気がきく子だねえ」「テキパ

キとなかなかやるじゃないか」「結構使えそうだ」という印象を与えます。

こんなときこそ「態度の敬語」を発揮する場面です。態度やしぐさでお客に敬意を表わす。学生から社会人になったばかりのころは、照れくさいものですが、学生気分を払拭（ふっしょく）するいい機会だと思って、笑顔で、優しく、ていねいに、軽く声をかけながら案内してみよう、と意識する。その意識だけで、あなたの将来が変わるかもしれないのです。

Memo
会議室へ通したらドアをきちんと閉めよう！

　お客をご案内して、担当者が来るのを待ってもらうこともあるでしょう。その担当者がすぐに部屋に来るとわかっていっても、その部屋を出るときには、ドアはきちんと閉めるようにしましょう。

　ただでさえ、不慣れな場所は落ち着かないのに、ドアが開いたまま待たされては、なおさら落ち着きません。

　「もうしばらくしますと、田中が参ります。少々お待ちくださいませ」とひと言そえて、待ってもらうようにしましょう。

hint 11 「上座」と「下座」を理解しておく

上司や取引先の方に酒席に誘ってもらいました。こんなときにも知っておくべき「態度の敬語」があります。

●お客に席をすすめるとき

> **ダメ▶** どちらに座りますか？ どうぞ好きなところに座ってください。
>
> ⬇
>
> **オススメ▶** （上座を示し）どうぞ、こちらへ。コート、お荷物お預かりしましょうか？

電車や車、打合せのテーブルの座る場所、酒席には、上座と下座というルールがあります。このルールをふまえれば、「誰を高めるのか」でもてなしや配慮の気持ちが、伝わります。立てるべき人（お客、目上、会の主役）は、真っ先に上座に案内します。

上位の者は窓側の真ん中（和室なら床の間を背にした席）である上座に案内し、自分は下座に着きます。

車では、後部の運転手のすぐ後ろの席に、飛行機、新幹線などは窓側（トイレが近いから通路側がいい、とおっしゃるならそのとおりにする）に案内します（36〜37ページ参照）。

相手の立場に立ち、もっとも気分がいい状況をつくる気配りが、「態度の敬語」の基本です。

Memo
お礼を言うまでがお酒の席！

会社の上司や先輩や、取引先から、「飲みに行こう！」と誘われるとうれしいものです。

自分に向けた、ためになるお話やアドバイス、昔の失敗談などを聞き、勉強させてもらいながら、さらにごちそうになれるというのは、たいへんありがたいものです。若い人の特権でもあります。

帰る道々、「楽しかった！ 明日もがんばろう！」と、さらにやる気がみなぎってくることもあるでしょう。

ただし、「あー、楽しかった」で、終わっていてはいけません。ごちそうになった相手、一緒に連れて行ってもらった上司や先輩に、お礼を伝える必要があります。ごちそうにならなくても、連れて行っていただいたことへの感謝の気持ちを、伝えることが大事です。

次の日の朝一番に、お礼の気持ちを伝えるといいでしょう。なるべく口頭で伝えるようにします。

「昨夜はごちそうさまでした」のお礼のあと、お店や食事の感想、印象に残った言葉などを伝え、「ありがとうございました」と言えると、連れて行った側は「また誘ってやろう！」という気持ちになるものです。

このお礼に行くという行為も大切な「態度の敬語」の1つです。

このお礼と感謝の気持ちを伝えるまでがお酒の席だと言っても、過言ではありません。

1 「態度の敬語」は言葉の敬語より強い⁉

知っておきたい上座・下座のルール

▶エレベーター

目下が先に入って、操作ボタンの前に立つのが基本。人が出入りするときには、片手でボタンを押しつつ、もう片手でドアを押さえて、人がはさまらないようにする。出るときは、目下があと。

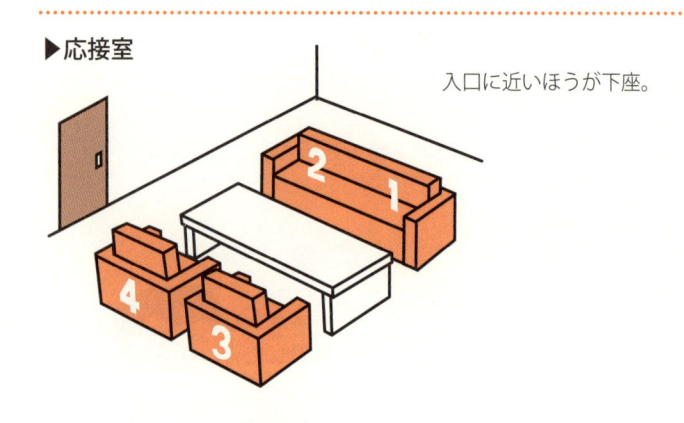

▶応接室

入口に近いほうが下座。

▶和室

入口の近くが下座、床の間のあるほうが上座。会食であれば、下座の者は、相手の飲食のペースに合わせて、メニューを見せるなど気を配る。

▶タクシー（運転手がいる場合など）

運転手のとなりが下座になる。ただ、会計の都合などで、目上が運転手のとなりに座ることもあるので、目上の動きを見て判断する。

▶相手がドライバーの場合

運転手のとなりが上座になる。目上が運転してくれている場合には、乗るときに「おじゃまします」、降りるときに「運転していただき、ありがとうございました」などのひと言をそえるように心がける。

▶新幹線

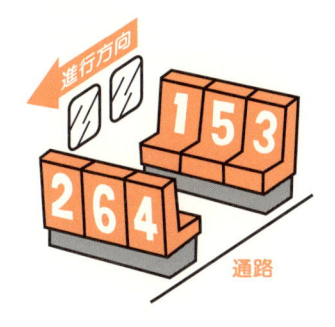

進行方向に向かって、窓側が上座になる。目上が「トイレが近いから通路側でいい」などと言った場合は、それに従う。

1 「態度の敬語」は言葉の敬語より強い!?

第1章のまとめ

- 同じ言葉でも、態度で印象ががらりと変わる

- あいさつは、人間関係の基本。明るく、元気に、はっきりと

- 返事はテキパキ、動作はハキハキを心がける

- 身だしなみは、自分の好みではなく相手に合わせる

- 注意されたときは、言いわけせずに謝る

- 名刺交換は大切な儀式。くり返し練習しておく

- 上座・下座をきちんと理解し、相手を立てる

「態度の敬語」は、「マナー」という形で受け継がれてきているものがほとんどです。これも「相手への敬いの〈こころ〉」ではなく「具体的な技術」です。「技術」は学習と訓練でめきめき上達するものなのです。

第2章
「です・ます」だけでも失礼はない!?

「ていねい語」ってなに？

◉配慮する相手は目の前の相手だけ！

「ていねい語」と、第3章で学ぶ「丁重語」は、ただひたすら、目の前の相手だけに配慮するもの。これを、対話する相手だけに向かう「呼びかけの敬語」と言います。覚えやすく、使い勝手のいい敬語です。間違いもほとんどありません。敬語初心者が最初に学ぶ「言葉の敬語」としてはうってつけだと言えます。

具体的に見てみましょう。

「これ、私の古いケータイ。今日新しいのを買う」

この文に敬語は1つもふくまれていません。親しい友人や恋人との会話としてはごく自然なものです。ところが、先輩、上司、先生など、顔を立てたほうがいい「目上」の相手の場合、問題な言い方、失礼だと怒らせる可能性があります。

それを防止するのが、ていねい語の強力な働きです。

◉覚えるのは「です」「ます」「ございます」の3つだけ

強力な言葉ですが、ていねい語で覚えるべき表現は「です」「ます」「ございます」。たったこれだけ。この3つさえ使えば、はなはだしく礼を欠く言い方にはなりません。尊敬語、謙譲語を一切使わなくても、大きなトラブルはそうそう起きません。しかし、ていねい語を使用しないと、目の前の上司、顧客は、間違いなく不愉快に思い、なかには「無礼者！」と、怒り出す可能性がありますから「簡単」と言ってあなどれません。それほどに「です、ます、ございます」というていねい語は大事なのです。「敬語力の基本」を叩き込むには、まずていねい語を、という理由の1つはここにもあります。

hint 12 「ッス」は敬語ではありません

「タメ語（です不使用）」「〜ッス」を「〜です」と言い換えるだけで、失礼のない言葉づかいができるようになります。ずいぶん印象が違います。「です」という「ていねい語」は、原則として「名詞」につきます（「形容詞」につく「です」は、あとで説明します）。

●上司に「君は生まれはどこだ？」と聞かれたとき

ダメ▶「愛知」
ダメ▶「愛知ッス」
オススメ▶「愛知です」

「『ッス』って敬語じゃないんですか？」高校野球で大活躍し、鳴り物入りでプロ入りしたルーキーが発言し、話題になったことがありました。「ッス」は若者が先輩に敬意を表わすときに使われる、敬語もどきです。社会人は使いません。少なくとも、初対面で使うべき言葉ではありません。学生気分の抜けない、頼りない人と感じる人がいてもおかしくありません。

「です抜き」「ッス」を「です」にするだけで、ぐっと、「大人な感じ」になります。「です」という「ていねい語」の威力もバカにできませんね。

●上司に「資料はある？」と聞かれたとき

> **ダメ▶**「はい、これ」
> **オススメ▶**「はい。これです」

「はい」という好感度の高い返事をしていても、そのあとに「です」がつづかないと、ひどくぞんざいな感じがします。「です」のない「タメ口」に、腹を立てる上司がいてもおかしくありません。

一方、「です」のひと言をそえるだけで、ずいぶん印象がよくなります。「はい」という返事とあいまって、「です」は、デキル部下を演出する「キーワード」になっている感じさえしますね。

▶ 上司「先方の反応は？」
  部下「はい。上々です」
  先輩「君の今日の予定は？」
  後輩「昼に打ち合わせが２件、夕方○商事でプレゼンがあって、19時ごろには帰社の予定です」

ていねい語だけでカンペキでしょう？　きびきびして、失礼のない言い方。あらゆる言葉のあとにつづけられる「敬語」がこの「ていねい語」。なんとも使い勝手のいいものです。

「これはペンです」「宇宙人です」「お化けです」「泥棒です」「大地震です」「ノーベル賞です」「最近発見された細菌です」

「です」の頭にどんな言葉をつけても、誰も違和感を持ちません。

ちなみに、後半で学ぶ「言う」の尊敬語「おっしゃる」は言葉を選びます。「痴漢や泥棒がおっしゃる」では、まずいですよね。「尊

敬語」は、使用する相手や、話題の人物などについて、「使うべきかどうか」の判断が必要です。

その点、ていねい語「です」は、目の前の話を聞いている人や文章の読み手に対して、「ていねいに言う」というだけです。誰に対しても使えるものです。

ちなみに、「お疲れでーす」「お先でーす」は接客業やマスコミ業界用語です。一般的に使える表現だとは言えません。「お疲れ様です」「お先に失礼します」と言いましょう。念のため。

Memo
目上の人に「ご苦労様です」はなんで失礼なの？

「お疲れ様」も「ご苦労様」も、本来は、目上が目下をねぎらう言葉です。

武将が戦でがんばったからといって、足軽が「お疲れ様」とねぎらうことなど失礼な行為とされていたのです。そもそも、目上の行為に目下ができる表現は「感謝」のみです。

ところが上下意識の希薄化とともに「目下も目上をねぎらいたい」というニーズの高まり、目下から目上へのねぎらいの言葉の必要性が高まった。そこで、便宜上、目上に対しては「お疲れ様でした」、言われた目上は目下に「いやいや、ご苦労さん」というあいさつが一般化した、というのが梶原説。

現場で本来的な意味を解説しても、仕方ありません。下から上は「お疲れ様でした」、上から下は「ご苦労様でした」が定着し、人々が納得しているとなれば、もはやルールみたいなもの。従うのが無難でしょうね。相手が「いや、本来はねぇ」などと言う人であれば、黙礼しておけばいいでしょう。

hint 13 「おいしいです」は間違い?

「です」のもう1つの使い方に「形容詞＋です」があります。

> **オススメ▶**
> 上司「どうだ、オレのなじみの、この店の料理と酒は」
> 部下「いやーもう、すごく、おいしいです」
> 上司「そりゃあよかった。また来るか？」
> 部下「ハイ！　店員さんたちも感じがいいです」
> 上司「よし、今度はおまえの同期の田中も誘ってやらなきゃな」
> 部下「わあ、うれしいです」
> 上司「ははは」

「形容詞＋です」だけで、これだけ喜んでもらえるのですから、ぜひ使いたい表現ですね。

しかし、この「形容詞＋です」の形は、現在ではすっかり当然のように使われていますが、もともとは使われないものでした。

「おいしいです」「うれしいです」「美しいです」

あなたは気になりますか？

グルメ評論でおなじみ、岸朝子（きしあさこ）さんの決め台詞「おいしゅうございます」のように、形容詞の語尾「しい」を「しゅう」に変化させ「です」ではなく、「ございます」を使う言い方のほうが、しっくり来るという人も、いまだに少なくありません。「おいしい」に直接「です」をつけるのは「おかしい」と感じる人がいるからです。

しかし、戦後まもなく「平明簡素（へいめいかんそ）」を合い言葉につくられた国語審議会による、戦後最初の敬語の指針「これからの敬語」では、「大きいです」「小さいです」という、「形容詞＋です」について、誤用ではないというお墨付きを与えました。それ以来、学校教育でもふつうに使われています。

とはいえ、書き言葉では違和感を持つ人もいます。「この料理はおいしいです」という書き言葉を見ると、私などはまだ違和感を覚えます。話し言葉であることを強調して「この料理、おいしいですね」と、語尾に「ね」や「よね」をつけて、ようやく安心できます。こういう世代もまだいることを、心のどこかに留めながら使ってほしいものですね。

> ### Memo
> ### 「か」とり問題――「なります？」は失礼か、誤用か？
>
> コンビニの店員が「こちらのアイスですか？」ではなく「こちらのアイスです？」、「温めますか？」ではなく「温めます？」。このような「か」を抜く言葉づかいが世間をじわじわ汚染し始めています。私は「か取り問題」と呼んで、警鐘を打ち鳴らしています。
>
> 「ですか？」「ますか？」は、相手に強く迫る感じで抵抗がある、「です？」「ます？」だと柔らかい優しい言い方だと考える、若者特有の「あいまいな表現」であると感じます。摩擦（まさつ）を避けるための彼らなりの工夫とも言えます。
>
> しかし、大人達は、「覇気のない言い方だ」「気持ちが悪い」と嫌う人が多いのでやめたほうが無難です。「梶原さんです？」より「梶原さんですか？」を！

hint 14 「ます」の威力

　「ます」は動詞について「買います」「動きます」「行きます」「食べます」のように使います。

> **オススメ▶**
> 上司「おい、今日の議長役は誰がやるんだ？」
> 部下「私がやります」
> 上司「君は風邪引いて休んでたんじゃないか？　大丈夫か？」
> 部下「はい。風邪もすっかり治りました（「ます」の過去形）。問題なくできます」
> 上司「じゃあ、頼むぞ」
> 部下「はい。ありがとうございます。では、始めます」

　この会話では「ます」というていねい語だけで、十分、失礼のない会話が成立しているのがわかるはずです。

> **オススメ▶**
> 部下「部長！　おはようございます！」
> 上司「おお、前川君か。事業部に移って？」
> 部下「はい、ひと月ちょっとになります」
> 上司「どうだ、うまくやってるか？」
> 部下「はい、すっかり慣れました」（「ます」の過去形）
> 上司「よかった、よかった。お、エレベーター来たぞ」
> 部下「ありがとうございます。私は2階ですから階段で行

> きます」
> 上司「そうか、じゃあ、また」
> 部下「失礼します」

　どうですか？　「動詞＋ます」で、まるで失礼のない会話が十分成立しますね。ところが、これらのやりとり文から「ます」を取り去ると、ひどくぞんざいで生意気な部下になってしまいます。いかに「ます」というていねい語の威力が大きいか、実感できると思います（これも、動詞「思う」＋「ます」）。

Memo
「ありがとうございました」か「ありがとうございます」か？

　過去のある時点の相手の行為に対して、感謝の気持ちを伝えるなら「ありがとうございました、助かりました」と「ありがとう」の過去形を使用します。

　感謝すべき事態が、過去から現在にいたるまで継続している場合は「いつも当社をひいきにしていただきありがとうございます」と、現在形で言います。

　かりに、自社の製品を買ってもらったのが3年前の一回だけであっても、その人が、今後、なにか購入してくれるかもしれない状況で目の前に現れたとき「いつもありがとうございます」と現在形で言うのは、少しもおかしいことではありません。

　「いつも」とか「毎度」が頭につけば、「ありがとうございます」。「先日は」「昨年中は」など日時を指定していれば、「ありがとうございました」と考えておけばいいでしょう。

hint 15 「ございます」で上品さを演出する

> 「ございます」は、「あります」の、よりていねいな言い方で「当店には最新型のケータイがございます」のように使います。
> さらに、「名詞＋で＋ございます」の形も一般的です。

●電話に出るとき

ダメ▶	「はい、田中！」（よほど切迫した場面ならアリ。ふつうはダメ）
アリ▶	「はい、〇〇株式会社営業部の田中です」
オススメ▶	「はい、〇〇株式会社営業部の田中でございます」

●資料を見せるとき

ダメ▶	「こちらが資料！」
アリ▶	「こちらが資料です」
オススメ▶	「こちらが資料でございます」

「ございます」のひと言で、十分上品な演出ができますね。とくに電話応対での最初のひと言、「田中です」か「田中でございます」かで、その企業が「お客様第一主義」かどうかを判断する基準の1つにしている人もいるほどです。

さらに最近では「動詞＋て＋ございます」という、比較的新しい形もよく耳にするようになりました。

「準備してございます」「用意してございます」「展示してございます」というような表現です。

客商売の人たちは、今後さらに、「～してございます」と言われたほうがうれしいと感じる人が増えていくと、考えているようです。「自分（および自分のお店）を上品に演出しながら、相手をより強くていねいにおもてなししたい」という人は、一部には違和感を覚える人もいることを承知したうえでなら使えばいい、といった感じです。たとえば、100円ショップでは使わない、という具合に場に合わせましょう。

▶ （結婚予定の）カップル「あのー、ウェディングドレスでピンク系の、ありますか？」
（式場の）係員「もちろん、用意してございます」
カップル　　「実物見たいんですが」
係員　　　　「はい、ではこちらへ。ここに展示してございます」
カップル　　「わー、スゴーイ！　高いんでしょう？」
係員　　　　「3月までですと、当店では特別に5割引で貸し出してございます」
カップル女　「ねえ、決めちゃうよ、いい？」
カップル男　「いいんじゃねえ」
係員　　　　「ではパンフレットをそろえてございますので。こちらに契約内容を記してございます」
カップル女　「決めたよ！　いいね」
カップル男　「うん」

「～してございます」も覚えておくといいでしょう。

コラム

マニュアル敬語に気をつけよう

●「〜のほう」乱用
「なります」以外にも避けるべき「マニュアル語」の代表選手に「ほう」があります。しばしば「なります」と組み合わせて使われる場合が多いようです。

「こちらのほうがメニューになります」
⬇
「こちらがメニューです」

比べてみれば、前者はいかに間抜けな言い方か、わかるはずです。
緊急時に「津波のほうが、接近中になります」なんてバカな言い方をする者はいません。いかにぼーっとしたバイトくんでも「津波がまもなく襲ってきます！」ときっぱり言うはずです。「接客はきっぱり」と覚えておけば、「ほう〜なります」という困った言い方をなくすことができるはずです。

●「こちらのほうが成増になります」というダジャレは笑えない…!?
東京都板橋区に、成増という場所があります。若い運転手さんが、うとうとしているお客に到着を告げる際、「お客様、こちらのほうが成増になります」と言ったそうです。
「お客様、成増に着きましたよ」でカンペキなのに、マニュアル敬語にどっぷりひたってしまったために、とんだ笑い話を提供してしまいました。「ほう〜なります」は笑われたり、バカにされたり、お客を怒らせたりするので、決して口に出してはいけないと心に決めてください。

●「よろしかったでしょうか？」
「現在なのに過去形」という言い方も、社会人としては問題です。

「ご注文、以上でよろしかったでしょうか？」

これがもし、昨日注文を受けたことについて、聞き忘れがあり、翌日どうしても確認したい場合なら、問題はありません（忘れたことは問題です）が、いま現在、目の前で起きていることを過去形にして、ていねいさを表わそうとするのは、一部地区の方言としてはありますが、共通語で商売するなら避けるようにしましょう。

「コピー10部でよろしかったでしょうか？」
➡
「コピーは10部でよろしいでしょうか？」

アルバイトから、めでたく正規社員となってばりばり働くなら、後者ですね。

第2章のまとめ

- ていねい語は目の前の相手、読み手に配慮すればOK
- 「ッス」は敬語ではないので「です」と言い換える
- 「です」「ます」だけでも失礼のない会話が成立する
- 「ございます」だとさらにていねいな印象になる
- 「か」とり問題、マニュアル敬語などに要注意

　ていねい語は、「です」「ます」「ございます」の3つだけなのに、たいへん使い勝手のいい敬語です。まずは、最低限これだけ使えれば、失礼のない言葉づかい、恥をかかない言葉づかいができるようになります。

第 3 章

丁重語でかしこまった雰囲気を演出する

丁重語ってなに？

● 「大切に思っていますよ」という伝えるのが丁重語

「行く」を「参る」、「言う」を「申す」と言い換えると、どんな感じがしますか？「ていねいな感じがするなあ」「かしこまった感じがするぞ」「厳かな気分が出るなあ」ちょっと重々しいあらたまった表現になると感じる人が多いはずです。

これが「丁重語」です。「心をこめて手厚く大切に対応する様」を「丁重」と言います。「丁重にもてなす」と言えば、かしこまった気遣いが必要ですね。「丁重語」とは、まさに「あなたのことを大切に思っていますよ」という気遣いを、目の前の話し相手に表わすための言葉と思ってください。

「どちらまで？」と聞かれた相手に、丁重に答えるときには「弟のところに行きます」というていねい語より、「弟のところに参ります」と言ったほうが、よりていねい度がワンランクアップして、ていねいな感じがしませんか？これが丁重語です。

かつては「参る」「申す」を「謙譲語」と学んだ人も多いことでしょう。

● 「謙譲語」が枝分かれしたってどういうこと？

第6章でくわしく述べますが、謙譲語とは、自分側の行為を話の向かう先に向かって低めて（へりくだって）述べ、相手先を高める表現です。

「行く」の謙譲語に「伺う」があります。「参る」も同じ謙譲語だとすれば、両方とも同じように使われて当然ですね。

ところが、「どちらまで？」「はい、弟のところに参ります」は言えますが、「はい、弟のところに伺います」は言えません。

かつては、「参る」も「伺う」同じ謙譲語だったのに、「参る」は使えて、「伺う」は使えなかった。それは、両方とも「同じ謙譲語」ではないからです。

丁重語と謙譲語の違いって？

丁重語
目の前の人にていねいさを表わす

謙譲語
自分側の行為を下げて相手方を高める

丁重語は相手側には使えない
（「参れ」「申せ」などの他人の行為には言えない）

丁重語はたったこれだけ！

非敬語	丁重語
行く、来る	参る
言う	申す
する	いたす
いる	おる
思う、知る	存じる

3　丁重語でかしこまった雰囲気を演出する

この矛盾を解決したのが、「丁重語」です。

「伺う」は謙譲語の定義どおり、自分側の行為を低めて、相手先を高める言葉です。

ここでの相手先は「弟」です。敬語では、ソトに対してウチを高めないのが原則です。「どちらまで？」とたずねた「ソトの人」に対して「身内の弟」を高めて表現するのは、敬語の原則に反します。ところが、「弟のところに参ります」は、問題はありません。「参る」は「相手先（弟）を高める謙譲語」ではなく、目の前の相手に丁重さを表わす「丁重語」だからです。

◉「参る」「申す」「いたす」「おる」「存じる」が丁重語

2007年に出された敬語の指針では、この「参る」のほか「申す」「いたす」「おる」「存じる」は謙譲語と区別して、丁重語（正式には「謙譲語Ⅱ丁重」）と表記しています。それまでの「混乱」を解消しました。

この話、読者の多くは、学校で学んでいないはずです。

丁重語は「相手に対する敬語」、謙譲語は「向かう先を立てる敬語」と、種類の違う敬語だと、2007年の指針（2010年4月現在最新）は合理的な見方を提案しています。

本書でもこの立場をとり、「参る」「申す」「いたす」「おる」「存じる」を、謙譲語ではなく丁重語と分類します。目の前の話し相手に気をつかうだけの言葉ですから、ていねい語と同じく、「見えない話題の第三者が誰なのか？」なんてことを考える必要がありません。謙譲語よりずっと簡単に使えるのがポイントです。

◉かつては説明できなかった「不都合な敬語」？

「行く」そして「来る」の謙譲語でもある「参る」を「謙譲語」として説明しようとすると、こんな不都合もありました。

「では社長、そろそろ参りましょうか」

この文も、「行く」の謙譲語としての「参る」と考えれば、本来高めるはずの目上である社長の「行く」という行為を、自分に巻き込む形で「低める」ことになり「誤用で不適切」と断じるものがありました（いまも、敬語の本にはそう主張するものが少なくありません）。

その手の本では「では社長、そろそろいらっしゃいますか？　わたくしもお供いたします」と説明しています。社長に尊敬語、自分に謙譲語、回りくどいですね。文法的には問題ありませんが、慇懃無礼(いんぎんぶれい)な感じが鼻につきます。

●指針が「丁重語」を説明して、スッキリ、簡単に！

「電車が参りました。白線の内側まで下がって」？

「バスが参りました」？

「夜も更けて参りました」？

「北国は冷えて参りましたでしょうね」？

「バスや電車に乗っている人は目上か、目下どっち？『夜』とか『北国』なんていう、自分や自分側の行為とは直接関係ない事柄をどうして低めるのだ？　謙譲語としてはおかしいだろう！　これ全部不適切だ！！」

こんな、実態とかけ離れた議論を聞かされる敬語初心者は混乱するばかりでした。

今回の指針では「『参る』『申す』『いたす』などの丁重語は自分の行為、や、ものごと、第三者をふくむものについて、目の前の聞き手（読者）に、かしこまって伝える表現である」と説明し、上で示した例はすべてOKとなったのです。ああ、スッキリ。丁重語、使えそうですね。

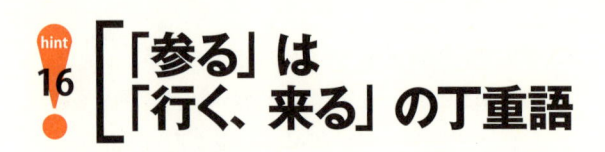

hint 16 「参る」は「行く、来る」の丁重語

「参る」で丁重語の役割を確認しましょう。

●自分が行くことを伝えるとき

> ダメ▶「(お客に対して) 私が行くよ!」(お客に対して失礼)
> アリ▶「お客様! 私が行きます」
> 　　　　　↓
> オススメ▶「お客様、私が参ります」

とても大事なお客を丁重にあつかいたいときには、「行く」よりも「参る」という表現を使うようにします。

●目上の人と一緒に出かけるとき

> アリ▶「では社長、行きましょう」
> 　　　　　↓
> オススメ▶「では社長、参りましょう」

社長のように、とくに高めておきたい目上の場合には、丁重語「参る」が効果を発揮します。第三者、上司やお客などの行為について、話す相手に丁重に伝えることができます。

このように、「行く」から「参る」へ言い換えるだけで、よりか

しこまった感じや、丁重さ、重みを表現できます。

　謙譲語は「自分側の行動について一段低めて相手先を高める」と説明されます。丁重語は、話をする相手に向けて「かしこまった丁重さ」を表現しているものです。この区分を確認しておきましょう。

　「丁重な、あらたまった言い方」は「デキル人」感を演出することができます。「かしこまる」ことができれば、自分の評価を上げることにもなりますから、使わない手はありません。

●待たせている取引先に対して

> ダメ▶「部長の田中はまもなく来ます」
> ↓
> オススメ▶「部長の田中はまもなく参ります」

　仕事においては、取引先を待たせる、という行為そのものが、すでに失礼な感じを与えていると考えられます。こういうときこそ、身体全体に「申し訳ない」というしぐさと表情をそえて、「まもなく参ります」と丁重語を使うべきです。

　「来ます」は「ていねい」な表現ですが、この場面では、丁重さを加えるために「参ります」を使うほうが適切です。「来るか来ないかどっちだ！」と、切迫したシーンでは「来ます！」という言い方は迫力があっていいかもしれませんが……。

●自分の身内である部下が顧客のところへ行くとき

> ダメ▶「君が参ってくれるのか？」
>
> ⬇
>
> アリ▶「君が行ってくれるか？」
> オススメ▶「君が伺ってくれるか？」

　立場の下の人への非敬語で表現するのが1つ。敬語を使い、話題の第三者（ここでは訪問先の人）を立てる場合なら、謙譲語「伺う」を使い「君が伺ってくれるか」となります（このあたりはあとでくわしく説明します）。

　ここでは、丁重語は自分をふくめない相手方だけに向けては使えません。まずはこれだけ覚えておきましょう。

　「バスが参りました」と話す相手に、丁重に言うのはよくても、「バスが参れ」や「夜も更けて参れ」のように、バスや夜などの事物に「参る」ことを強いるのは間違いです。

　「来る」を「参る」に言い換えることもできます。

Memo
「資料をご持参ください」は誤りではない？

　「ご持参ください」「お申し出ください」のように「参」や「申す」という字面を見て「謙譲表現」と早とちり。「謙譲を強いている」と不快に思う人がいます。しかし「参」にも「申す」にも謙譲の意味はふくまれていません。相手側の行為に用いても、なんら問題はありません。

　それでも誤解は避けたいという人は、「資料をお持ちください」と尊敬語で対応しておけばいいでしょう。

「参る」と「伺う」はどう違うの？

「参る」

「参る」は丁重語。かしこまるための表現であり、相手先を高める作用はない。

「伺う」

「伺う」は謙譲語（くわしくは第6章）。自分側の行為を低めて、相手先を立てる働きがある

3 丁重語でかしこまった雰囲気を演出する

hint 17 [「申す」は「言う」の丁重語]

> 丁重語「申す」はビジネスではよく使う表現です。

●自分の名を名乗るとき

> **アリ▶**「鈴木と言います」
> ↓
> **オススメ▶**「鈴木と申します」

　上段のていねい語「言います」でも、失礼ではありません。丁重語「申す」を使った言い方のほうが、より「かしこまった、大人な物言い」になります。一人前の社会人なら、ぜひ使えるようにしておきたい表現です。電話で、名乗るときにも使えます。
　「申す」も基本的には自分側について使用するもの。相手の動作、所有物に対しては使うことはできません。

> **ダメ▶**「あなたも申していたように」
> ↓
> **オススメ▶**「あなたがおっしゃっていたように」

　相手のこと（行為）については、「言う」の尊敬語「おっしゃる」を使って高める言い方にします。
　ただし、敬語には例外がつきものです。

> **アリ▶** 「このつぼ、○×塗りという特殊な加工をしています」
> **オススメ▶** 「このつぼ、○×塗りと申す特殊な加工をしております」

「申す」という丁重語は、主として自分側の行為やものごとにつけます。また、第三者やものごとにもつけ、話す前の人に、丁重さを表現します。

> **アリ▶** 「この大邸宅の持ち主は、平成の石油王と申しまして、アラブの金持ちです」
> **オススメ▶** 「それは、ホルモンでも、ミノと申す部分ですね」
> **オススメ▶** 「かの国では10セントをダイムなどと申しますね」
> **オススメ▶** 「『花より団子』と申しまして、やはり食欲には負けますね」

自分とも、話を聞いている相手にも、なんの利害関係のない一般的な事物についての事実を語る場合で、ていねい語のように使っている例です。相手を侵害したり、立ち入ったりしていないので問題のない表現です。「基本的に自分側のものについて使う」という「基本」の例外もある、という見本です。「基本的に」とあったら「例外もある」と思ってください。

敬語学習は、何度もくり返し頭に叩き込む。くり返し口に出して身体で覚えることが大事ですから、同じような例を次々出していきます。しつこいと言わずに声を出して復唱してください。

謙譲語「申し上げる」については、のちほど説明します（165ページ参照）。

3 丁重語でかしこまった雰囲気を演出する

hint 18 [「いたす」は「する」の丁重語]

丁重語「いたす」は「かしこまり」の感じを演出できます。

アリ▶「お客様、その件はわたくしが担当します」
　　　　　↓
オススメ▶「お客様、その件はわたくしが担当いたします」

　相手が上得意など、ていねい語だけでは敬意が不足する場面では、「する」の丁重語「いたす」を使えば、「かしこまり」の感じを目の前の相手に与えるので有効です。

ダメ▶「出発いたしてください」
オススメ▶「出発いたします」（自分の行為を目の前の相手に丁重に伝えるのが丁重語の常道で、きわめて適切）

　「出発いたしてください」という表現は、相手に丁重さを強いていることになるので、不自然です。

アリ▶「出発いたしましょう」

　「出発いたしましょう」という表現は、相手先を巻き込んで自分側の行為に参加させるときに使います。「参りましょう」と同じ使い方です。「いたす」は、謙譲語と主張する人には、少々気になる

言い方ですが、丁重語と考えれば問題ありません。

> **ダメ▶**「(ニュースで) ＪＡＬが倒産いたしました」
> ↓
> **オススメ▶**「ＪＡＬが倒産しました」

ニュースは、事実を客観的に伝えるもの。ことさら丁重に言うのは適切ではありません。これが、ＪＡＬの大株主に、証券会社が、おそるおそる伝える場面では、軽々しく無責任な感じを打ち消し、丁重さとていねいさを強調するため、「いたしました」とすることがあってもおかしくはありません。

Memo
アナウンサーは「日本語の番人」？

若い女子アナの「ら抜き」は当たり前。むしろ、「いまふうなかわいいキャラ」を出すのには好ましいとさえ思う人もいます。

放送で使用する日本語の基準は、第三者機関「放送用語委員会」によって決められます。それが、現場にも「放送上ふさわしい言葉づかい」として伝えられます。

報道、情報関係のアナウンサーには「日本語の番人」という意識を持っている人もいます。とりわけ、ＮＨＫのアナウンサーは「正しい日本語の使い手」としての役割を求められます。

可能のら抜き表現の「食べれる」「見れる」は実際には過半数の日本人が使っていて、そろそろ容認すべしの声さえありますが、「ＮＨＫのアナウンサーだけは、ら抜きをしないでほしい」という強い声もあります。「ＮＨＫらしい言葉使い」。これを「役割語」と言います。

少なくとも、ＮＨＫのアナウンサーは「言葉の番人としての役割」を担わされていると言えます。

hint 19 [「おる」は「いる」の丁重語]

　丁重語「おる」は、断るときやイメージをコントロールするときに便利です。

●丁重に断るとき

> **アリ▶**「そういう決まりになって います 」
> ↓
> **オススメ▶**「そのような決まりになって おります 」

　どちらも杓子定規で、いやな言い方ではありますが、断らなければならない場面はあるものです。
　同じ断るなら、丁重にお断りしたほうが無難ですね。
　こんなときには、「います」のていねい語を「おります」の丁重語に言い換えれば、相手への気遣いや、配慮している感じがうまく表現できます。
　目の前の相手への、よりかしこまった表現が有効な「断り」場面では出番の多い表現です。

> **アリ▶**「私も、もう年をとって います からね」
> ↓
> **オススメ▶**「私も、もう年をとって おります からね」

「います」は、より直接な言い方で、言われたほうも、「まあねえ」と軽く受け流してしまいそう。「おります」は、丁重さを加えた表現を使う相手に敬意を表わして、「いえいえ、まだまだお元気そうで」とお世辞の1つも言いたくなる、上品な物言いです。丁重な言い方には、丁重な言い方で返事したくなるものです。「相手の話のトーンに合わせて相づちを打つ」（20ページ参照）同様、言葉づかいも合わせるように心がけましょう。

> **アリ▶**「日曜日は終日読書をして いました」
> ↓
> **オススメ▶**「日曜日は終日読書をして おりました」

両方、間違いではないのですが「おる」と丁重語で応えると、「上質な小説でも読んでいたんだろうな」というイメージがわいてきますね。言葉づかいでイメージもコントロールできるのです。

> **アリ▶**「こちらに おられる 方は、山本様です」
> **オススメ▶**「こちらに いらっしゃる 方は、山本様です」

「おられる」という表現は、誤用とする人と、問題ないとする人と評価が分かれます。

関東方面では、丁重の「おる」と、尊敬の「れる、られる」をつなげることに違和感を覚えるという声があります。一方、関西方面では、「おられる」は、一般的な動詞「おる」に尊敬の「れる」をつなげて尊敬表現として、なんの抵抗もなく使われます。

抵抗の少ない「いらっしゃる」を使うのが、無難かもしれません。

hint 20 「存じる」は「思う、知る」の丁重語

丁重語「存じる」を使えば、大人っぽい印象を与えられます。

●あらたまった場面で自分の感想を伝えるとき

> **ダメ▶**「私が社内売上げＮＯ１！ 光栄だと思います」
> **アリ▶**「私が社内売上げＮＯ１！ 光栄です」
> ↓
> **オススメ▶**「私が社内売上げＮＯ１！ 光栄に存じます」

「光栄だと思います」の「と思います」は他人事な感じで感激が伝わらない。こういうときこそ、かしこまり、ありがたさを、丁重さで表現すべきです。「光栄に存じます」をフレーズとして覚えてしまいましょう。うれしさをさり気なく、押し殺した感じにしたいなら、サラッと「光栄です」もアリです。

> **ダメ▶**「待望の赤ちゃん誕生、さぞやうれしいことでしょうね」
> ↓
> **オススメ▶**「待望の赤ちゃん誕生、さぞやお喜びのことと存じます」

親しい友人なら、かざらない表現でも、おおいに喜んでくれるでしょう。一般儀礼的なあいさつとしては、「さぞやお喜びのことと存じます」は、定番のフレーズ。これは、丸暗記しておけば、いつ

でも、おめでたいことに使えます。こういう「フレーズの蓄積」は、敬語習得に絶大な効果を発揮します。

●「知る」を「存じる」に言い換えるとき

> **ダメ▶**「画家のセザンヌってご存じ？」「まったく知らない」
> ↓
> **オススメ▶**「画家のセザンヌってご存じ？」「くわしくは存じませんが」

「まったく知らない」は、高尚な会話をしかけてきた相手を無視する物言いです。これでは話はつづきませんし、良好な人間関係も築けません。

「くわしくは存じませんが」は、じつはまったく知らないとしても、「くわしくは」と言うことで、興味はあるけど、あなたほどには知らないので教えてほしい、というニュアンスをこめる「存じませんが」につながります。

> **ダメ▶**「彼二股かけてたんだって！」「え、存じませんでした」
> ↓
> **オススメ▶**「彼二股かけてたんだって！」「え、知らなかった！」

これも、敬語における会話のバランスです。

下世話な話題に、過剰な丁重さは似合いません。敬語にはバランスというものがあります。相手の話の内容、話しぶりにそった答えが求められます。会話はキャッチボールですね。

第3章のまとめ

- 丁重語は、ひたすら目の前の人に丁重さ、ていねいさを表わす単純な敬語

- 謙譲語は、自分側の行為を低めて、相手先を高める。謙譲語から枝分かれした「丁重語」は別物

- 丁重語には、参る、申す、いたす、おる、存じるがある

- その場にいない話題の人物に作用がおよばない

- 自分や自分をふくむ集団および、第三者、ものごとにも使用する

- 「〜と参りましょうか」のように相手先を巻き込む使い方もある

- 相手先に丁重語で命令することはできない

丁重語とは、目の前の人物や読者に直接伝えるときに、使うものです。謙譲語は自分や自分側の行為を低めて相手側を高める作用があり、謙譲語から枝分かれした「丁重語」は別物だと考えましょう。

第4章 「プチ敬語」でていねいな印象を与える

「プチ敬語」ってなに?

◉敬語以上に敬意やていねいさを表現できる?

　尊敬語や謙譲語、丁重語、ていねい語のように、いわゆる「敬語」ではないものの、周囲への配慮の気持ちを示す言葉や表現があります。それらをうまく使えば、ときには敬語以上に敬意やていねいさを表現できます。

　会話するとき、相手や周囲に心理的負担をかけず気持ちよくさせるのが、「プチ敬語」の原則です。

◉ストレートに表現するから関係にひびが入る?

　なぜ、こういう「プチ敬語」が必要なのでしょうか?　人になにかをお願いし、手間をかけたり、時間をもらったりするときには、こちらには悪気などまるでない場合でも、相手からすると負担やプレッシャーを感じることがあるからです。

　そういう相手の心理的負担を軽くし、人間関係にひびが入らないように配慮するための決まり文句、それが「プチ敬語」です。

　「あらたまり語」「クッション言葉」もその1つです。遠慮して見せたり、見て見ぬふりをする、という「態度の敬語」もその1つです。私はこれらをひっくるめて「プチ敬語」と呼んでいます。

◉「ていねい語」を使っていても気分を害することも……

　「窓を開けてください」

　敬語の1つである「ていねい語」を使った表現です。しかし、唐突に言われると、いくら「ていねい語」を使っていても、気分を悪くする人がいるかもしれません。この敬語だけでは十分ではないときもあります。

　「恐れ入りますが、窓を開けてくれませんか?」

このように「恐れ入りますが」というような前振り、いわゆる「クッション言葉」をそえて、お願いすれば、相手もあまり腹を立てないでしょう。さらに疑問形にしたことで、敬語だけでは足りない部分をしっかりと補ってくれてもいます。

　このほうがずっと「良好な人間関係」が築ける気がしませんか？　これが「プチ敬語」です。「敬語」だけでなく「場面や状況に配慮しながら表現する敬語的表現」の大切さ、便利さを、この章でしっかり感じ取ってください。このあと学ぶ、「尊敬語」「謙譲語」をより効果的に使用するために、まずそれ以外の、敬語的表現をマスターしておきましょう。

　「丁重な感じ、かしこまった気持ち、あらたまった雰囲気を表わすフォーマル語」「お願いするときの枕詞」「たずねるときの決まり文句」「断るとき、相手を不愉快にさせないひと言」「注意するとき、口うるささを消す前振り言葉」「意見を述べる（アドバイスする）とき、えらそうな感じを与えないための言葉」「救いの手を差しのべる際、押しつけがましさを排除する言葉」これらが「プチ敬語」です。

4 「プチ敬語」でていねいな印象を与える

困ったときの「プチ敬語」

たいへん申し上げにくいのですが・・・

お言葉を返すようですが・・・

ちょっとしたひと言で、
ていねいさ、敬意を表現できる

hint 21 「くだけた表現」を「あらたまった表現」に言い換える

同じ言葉でも、カジュアルな言い方と、フォーマルな言い方があります。これを使い分けるだけで、上品な雰囲気を演出できます。

● 取引先の受付でたずねられたとき

> ダメ▶「便所はどこです？」（取引先受付などでたずねた人に）
> 「あっちです。そっちのはしっこを右に曲がったとこです」
> アリ▶「トイレの場所なんですが」
> 「左に進んだ右手です」
> オススメ▶「お手洗いはどちらですか？」
> 「あちらです。そちらのはしを右に曲がったところです」

「あっち」「そっち」「はしっこ」という言い方は、友達同士が気軽に話すときに、より親しみを表現するような「くだけた」言葉です。洋服にたとえるなら「カジュアルファッション」。Tシャツに短パンスタイルというようなものです。しかし、仕事先でこのような服装ではまずいですね。そんなスタイルでいきなり訪問された側は、職場やそこで働く自分たちが、軽くあつかわれたようで、いやな感じがします。

仕事に関わる会話には、まずはワイシャ

ちょっとした「あらたまり表現」で好印象！

ふつうの表現	あらたまり表現	ふつうの表現	あらたまり表現
わたし、ぼく	わたくし	だんだん	しだいに
わたしたち	わたくしども	すごく	たいへん
相手の会社	御社	少し、ちょっと	少々
自分の会社	当社、弊社、小社	男	男性
誰	どなた	女	女性
どこ	どちら	老人、年寄り	お年を召した方
こっち	こちら	なので	だから
そっち	そちら	伝言	お言づけ
あっち	あちら	一緒に行く	お供する
さっき	さきほど	忙しい	手がふさがっている
あとで	のちほど	ミス	不手際
今日	本日	わからない	勉強不足
明日	明日（みょうにち）	忘れた	失念した
きのう	昨日（さくじつ）	知らせる	お耳に入れる
この前	先日、先ごろ	・・できません	〜しかねます

ツにネクタイを着た言葉。つまりフォーマルな言葉づかいをすれば、会話の「あらたまり」を演出できます。訪問の数を重ねるに従い、多少くだけたファッションが許されるように、カジュアルなフレーズも徐々に増えてきます。とくに初回はフォーマルが安全です。

カジュアルな表現をフォーマルな表現に変えただけで、まるで違った会話になります。

アリの表現を見ておくと、「なんですが」と婉曲(えんきょく)に、知りたい旨を伝えて、「便所」より「トイレ」のほうがすんなり受け止められる言葉です。答える側もテキパキとしており、事務的ですが、これに「態度の敬語」が加われば、より感じのいい案内になります。

受付の女性の営業部員への例で見てみましょう。

▶ 「すいませんが、今日、もうちょっとで、僕んとこに、こんなすごく身体のでかい人が来るんスけど。ちょっと待っててもらっていいスか？（しばらく考え込んで）どうすっかなあ？やっぱ、こないだみたいに、ちょこっと電話してくんないッスかねえ。マジ焦ってる、つーか、きのう俺のほうがドタキャンしちゃったんスよ。リスケさせて、ヤッバイッすよね。なもんで１つよろしく」

⬇

▶ 「恐縮ですが、本日、もうしばらくしますと、わたくし宛に身体の大きなお客様がたずねてきます。少々待ってもらう（しばらく考え）あ、いや、やはり先日のようにすぐに電話してくれませんか？　わたくしもたいへん焦っておりまして。と言うのも、昨日（さくじつ）私（わたくし）からいきなり予定を変更してしまいまして、あらためて今日にしてもらいましたので。まずいですね。いろいろと申し訳ありません。ではお願いします」

カジュアル（くだけ）の表現をフォーマル（あらたまり）な表現に変えるだけで、「尊敬語」も「謙譲語」も一切使わず、これほどに敬語的な印象を与えられます。「あらたまり語」はバカにできません。

hint 22 [上手にお願いする、相談する]

むずかしい敬語を使わなくても、お願いする「クッション言葉」があります。

●先輩に残業を手伝ってもらいたいとき

> **ダメ▶**「残業手伝ってくれます？」
> **アリ▶**「忙しい先輩にこんなことをお願いするのは気が引けるのですが、もし時間があいたら、２～３手伝ってもらいたいことがあるんですが…」
> **オススメ▶**「たいへん恐縮ですが、例の案件の資料を、急ぎで今日中に作成しないといけないのですが、手伝ってもらえないでしょうか？ この仕事、なんとか成功させたいんです」

依頼するときは、単刀直入がいい、と考える人がいます。しかし、これはよほど親しい仲でしか通用しません。目上に、なにかを頼むときには、失礼のないように、気をつかう必要があります。

「ぶしつけな！ 手伝ってもらうには、手伝ってもらうための言い方ってものがあるだろう」と怒られても文句は言えません。

こういうときは、まず、申し訳なさそうな表情、あらたまりの表情を浮かべ（態度の敬語）、婉曲に、残業が必要になった事情を理解してもらい、「手伝ってもらえないでしょうか？」と言います。

「手伝ってください」という直接表現を避けて、「疑問形」で依頼

4 「プチ敬語」でていねいな印象を与える

する。最後にその仕事への思いなども話せば、「それほど大事なら」とつきあってもらえる場合もあるでしょう。

ここでの「プチ敬語」は「たいへん恐縮」という枕詞、「急ぎで」という追い詰められた窮状を吐露し、疑問形で押しつけがましさを避け、最後に仕事への決意を述べる、という計算されたもの。

アリの表現では、まず、先輩の忙しい様子に「たいへんだなぁ」と共感を示し、それをわかったうえで、「気が引けるのですが」とへりくだり、お願いも「もし時間があいたら」と相手に断る余地を与えながら、プレッシャーを低くしてお願いしています。

こう言われれば、「オレがそんなに頼りなんだ。かわいい後輩だ。2～3なら手伝うか」となってくれるはず。「いまは、手を離せないけど、あとで手伝うよ」と言ってくれるかもしれません。

●上司に相談に乗ってもらうとき

> **ダメ▶**「課長、この仕事ややこしくて困っちゃってるんですよ。どうしたらいいんスか？」
> **アリ▶**「課長、相談に乗ってほしい件があるんですが、何時ごろがいいでしょうか？」
> **オススメ▶**「課長、いま、よろしいでしょうか。先日、ご相談したA社の新製品の納期の件なんですが、先方から、もう少し納期を早められないかと言われまして…」

上司の仕事を止めて、相談に乗ってもらうのに、ぞんざいに声をかけては、無礼だと思われてしまいます。「こいつは、相手の状況をくみ取れないんだな」と評価を下げてしまうでしょう。相手の貴

お願いするときのクッション言葉

ふつうの表現	クッション言葉
忙しそうだけど	お忙しいところ
ひまだったら	もし、時間があるようでしたら
ちょっとでいいんだけど	数分だけよろしいでしょうか？
時間ができたら	お手すきのときにでも
いま聞いていい？	いま、よろしいでしょうか？
悪いんだけど	たいへん恐縮ですが
急ぎなんだけど	急ぎの用なのですが
意見聞かせてほしいんだけど	ご相談させていただきたいのですが
こっちの都合なんだけど	こちらの都合で恐れ入りますが
こちらの勝手なんだけど	まことに勝手ながら
手がかかるんだけど	お手数かけますが お手間をかけますが
ちょっとめんどくさいだろうけど	少々、面倒をおかけしますが

重な時間をもらうわけですから、「いま、よろしいでしょうか？」「お取り込み中、失礼します」などのクッション言葉によって、上司への配慮を示すようにします。

このほか、たずねたり、依頼したりするときに、便利なのが「ちょっとお願いしたいんですが」や「少々面倒をかけますが」です。このひと言が言えるかどうかで、印象はもちろん、アドバイスの内容もがらりと変わるでしょう。

アリの表現は、素朴な言い方ですが、気配りのきいた表現です。「相談に乗ってほしい件」と言えば、上司は、むずかしいことか、時間がかかることかを聞いてくるでしょう。「何時ごろ」といつでも上司の都合に合わせるというメッセージを伝えることで、上司への敬意も伝わります。

コラム

「お客様だから」と、えらそうにしていませんか？

　年金への不信が広がり、社会保険庁（現・日本年金機構）に多くの人が心配顔で集まるニュースがしばしば報じられました。その窓口での会話です。

　「あたし、年金いくらぐらいもらえるの？　教えて」

　相手は公務員的立場。だからといって、どんな口を聞いてもいいというものではない。ぞんざいな物言いは自分の品格を落とします。

　「恐れ入ります。わたくし現在58才の専業主婦で会社員の妻ですが、年金給付について少々聞きたいことがあるのですが」

　この表現では、たずねたり、依頼したりする際の決まり文句「恐れ入ります」が適切に使われています。これなら教える側の「よりわかりやすく教えたい」とモチベーションを高められます。

　相手が知っておきたい最低限の情報、年齢身分とともに来所の目的にいたるまで簡潔に、しかもていねいに伝えているので、相手も「きちんと対応しよう」という気になります。

　飲食店などでも同様です。「お客様だから」と思って、えらそうにふるまっていては、自分の品格を下げてしまいます。デートの際にも、女性は、男性の店員への態度で人間性をチェックするという声をよく聞きますよね。

　相手への「配慮」「尊重」「思いやり」の気持ちを示す決まり文句。どんな相手でも気持ちよく動いてもらえるように覚えておきたいものですね。

hint 23 　不愉快な思いをさせずに、急な仕事やお酒の誘いを断る

　目上の人からの急な仕事の指示や誘いでも、なんらかの事情で断らねばならないときもあるでしょう。そんな困った場面でも、うまくクッション言葉を使えば、やんわり断ることができます。

●「明日までにプレゼン資料を出せ」と上司に言われたとき

ダメ▶	（即答で）「無理ッス！」
アリ▶	「うーん、明日まではむずかしいかもしれません。たいへん恐縮ですが、もう1日あれば何とかできますが、いかがですか？」
オススメ▶	「明日までですか。うーん。あいにくですが、例のプレゼン資料の提出も明日までですよね。えー、そうですねえ、両方はむずかしいかもしれませんね。いやー、どうにかしたいんですが、もう2〜3日あればなんとかできるんですが、どちらを優先いたしましょうか？」

　いくら急な指示でも、まず「即答」はいけません。上司の依頼に対し断る場合には、一応考えるふり、検討するしぐさ、悩む表情などある程度の時間をかけながら断る、というのが原則です。上司は、部下の「即答型断り」には頭に来るものです。

　また「無理」という言葉も、軽々しく使うものではありません。「無理」とは「不可能」ということです。さまざまな条件を考えた

うえで、初めて出すべき言葉であり、即返しで言えるほど軽々しい言葉ではありません。よって、「無理ッス」は確実に上司を怒らせることになります。

オススメの断り方は、見事です。相手の要望を一度オウム返しにして、あなたの要求はきちんと聞いている、という態度をまず見せる。そのうえで、それに応じることができない状態であることを、「うーん」という力んだ声で表わす。そのあと「あいにくですが」という断りの決まり文句で「無理だ」ということをほのめかす。あと2～3日あればなんとかする、という肯定的かつ支持的な言葉で誠意のフォローをしておく。最終的に、上司に決定させる質問で終えます。

このように伝えれば、「今回はどう考えても無理そうだ。日ごろの仕事量が多すぎるのかもしれない。もう少し負担軽減も考えてあげないとかわいそうだなあ」と、逆に、勤務状態のハードさに同情さえしてくれるかもしれません。あなたの立場に立っていろいろ考えてくれます。断ったおかげであなたの評価が上がることさえあるのです。

このように、二重、三重に相手への配慮を伝えれば、断ったときに起こりうるトラブルを防ぐことができます。この中心は「あいにくですが」という、敬語の決まり文句です。

アリの表現は、一定の気づかい、条件を示しています。ただ、あまり機械的すぎると、「単に断る口実」ととられる恐れがあります。

●お酒の誘いを断りたいとき

> **ダメ▶**「え？　今日ですか？　今日は大事な用がありまして、すいません」
>
> **アリ▶**「今晩ですか？　たまたま通ってるセミナーが22時まであって、むずかしいですね。明日は無理ですもんね？　申し訳ありません」
>
> **オススメ▶**「わあ、ありがとうございます。いやあ、声をかけてもらって本当にうれしいんですが、じつはなんとも残念なことに、母が体調を崩して、昨日から寝込んでしまいました。今日は、私しか面倒を見る人間がいなくて…。ほかならぬ部長のお誘い、本当に残念でしかたがありません。ぜひまた今度お願いします」

　前で述べたように「即答」はいけません。さらに「大事な用があって」と、まるで上司と飲むのは大事じゃない、どうでもいいことと宣言しているのも同然です。上司は、はらわたが煮えくりかえる思いでしょう。二度と声をかけてもらいたくない相手だからと、腹をくくるなら上手な答えですが、そうでなければ避けるべきです。

　それに比べるとオススメ文は上司も納得です。断るときは、「いやだ」という思いを見せないように、注意します。

　まず、「ありがとうございます」というお礼の言葉。それにすかさずつづけるのが「ところがなんとも残念なことに」という「断り」を表わすクッション言葉です。

　お誘いがうれしい、それに応じられないのが悔しい、ということまで伝えて、最終的には相手が無理強いできない理由「母が急の病

で看病を」と言えば、さすがに強引な上司でも「そんなの気にしないで来い」と、鬼のようなことを言うことはまずありません。

このような、説得力のある「言いわけ」を常日頃用意しておくのも、上司の「面子」をつぶさず断るうえで大事なことです。

アリの表現は、理由がセミナーという、ビジネススキルをアップさせる前向きなもの。「そんなのやめて付き合え」と上司は言いにくい。「明日は」と提案し、「行けるときは行きます」とアピールしておけば、上司はいやな気はしない。ただ、これも上司がセミナーの参加などについて、理解してくれる人物であることが前提で、いつも使えるものではありません。

対人関係で「面子」はきわめて大切です。人間は、「俺の顔を立ててくれ」「俺の顔をつぶしてくれたな」というように、「顔」、すなわち「面子」をとても気にする動物です。相手の面子を保ってあげるうえでも「断る言いわけ」は空々しいものではダメです。「そりゃあ、断るのも無理はない」と上司に思わせる必要があります。

断るときのクッション言葉はとくに重要です。

断るときのクッション言葉

ふつうの表現	クッション言葉
残念だけど	なんとも残念なことに
	本当に残念ですが
ちょうど別の予定と重なっちゃってて	あいにく、別の予定が入っていまして
	あいにく、動かせない先約がありまして
私の思い通りではないんだけど	まことに不本意ながら
	遺憾ながら
希望どおりにできなくて	ご希望にそえず
また誘ってね	また今度お声がけください

hint 24 えらそうな印象を与えずに、意見やアドバイスを述べる

目上から意見を求められることもあります。後輩や部下の企画に「ダメ出し」をしなくてはならないときもあります。

●企画に意見を求められたとき

> ダメ▶ 「その企画、なんかぴりっとしませんねえ」
> アリ▶ 「スケール感もあってユニークですが、費用の点はいかがですか?」
> オススメ▶ 「なるほど! エコ対応で全社的に経費を削減する。現代的なテーマでワクワクしますね。お手数ですが、その企画実現のための費用と期間を具体的に教えてくれますか?」

「エコ対応で経費節減」という企画は、平凡なものです。もちろん相手との関係にもよりますが、それをそのまま口に出してしまえば、企画発表者は「バカにされた」と感じてしまいます。

そこで、まず「現代的テーマ」とポジティブに評価し、「ワクワクする」と自分もおおいに乗っている感じを表現しておきます。さらにその企画の裏付けをはっきり数字で出してください、と迫っているのです。本当は「もっと具体的に見せろ!」ときつく迫っているのですが、「お手数ですが」というクッション言葉で、きつさをやわらげています。相手は、自分の詰めの甘さを思い知らされ、次にはちゃんと調べておかなければ、という「気づき」が与えられた

4 「プチ敬語」でていねいな印象を与える

ことに感謝する気持ちが出てきます。次回のプレゼンには、もっと力を入れて、具体的な数字の入ったまともな企画案を提出しようと、モチベーションが上がることもあるでしょう。

アリは、ほめて入って、不安なポイントを最初に指摘しています。ストレートな言い方は、デキル人と感じさせますが、それだけに反発する人がいるかもしれません。

人に意見するときには、具体性のない指摘、単なる感想や好みを、話すのはよくありません。漠然とした否定の意見では、議論が前に進みません。理由や根拠がわからないと、「否定された」という印象だけを相手に与えてしまいます。

意見は、「具体的に述べる」ことが敬意や尊重につながります。

●専門家に意見を述べるとき

> **ダメ▶**「いいんじゃないんですか？ 感じとしては」
> **アリ▶**「私のような専門知識のない人間がどうこう言えるものではありませんが…。私の先輩が同様の営業展開を進めています。いまのところは苦労してるようなんですが、将来性は非常に高いと熱く語っています。差し出がましいようですが、今度その先輩紹介させてもらっていいですか？」
> **オススメ▶**「素人の単なる感想ですが、おおいに期待できそうな気がします。完成までにはどのくらいかかるんですか？」

そもそも、他者を評価することは「上目線」な行為です。その分野の権威やエキスパート、ずっと上の立場の人ならまだしも、たいしてわかっていない者が「いい」「悪い」と漠然と評価するのは、

目上に意見を伝えるときのクッション言葉

ふつうの表現	クッション言葉
失礼だったらごめんね	失礼な物言いで恐縮ですが
怒らないで聞いてね	お気を悪くなさらないでほしいのですが
えらい人に言える立場ではないんだけど	私のようなものが
素朴な疑問・感想だけど	素人の単なる感想ですが
よくわからないんだけど	不勉強で申し訳ありませんが
知っているだろうけど	ご存じかとは思いますが
専門家に言うのもなぁ	釈迦に説法かもしれませんが
余計なことだけど	差し出がましいようですが

「敬意を損なう行為」と言われます。

　オススメは、「素人の単なる感想ですが」と下手に出ています。そのうえで、「期待」を口にし、応援の気持ちを伝えます。最後に、完成までの時間を聞くことで、本気で商品化を検討している覚悟が専門家にも伝わり、モチベーションアップにつながります。

　アリは、自分を「へりくだり」、「評価的態度」をひかえ、具体的な提案を「差し出がましいようですが」というクッション言葉で述べています。この「先輩を紹介する」という具体的すぎる提案が、専門家のプライドを傷つけるか、逆に喜んでくれるかどうかがポイントです。このあたりは、相手によるので、オススメとはしませんでした。うまくはまれば、喜ばれるでしょう。

　「お手数ですが」「私のようなものが」「差し出がましいようですが」というクッション言葉は、ぜひ覚えておきたいものです。

hint 25 おわびの気持ちをうまく伝える

謝るときには、ただひたすら土下座すれば許される、というものでもありませんし、単刀直入であればいいというものでもありません。そこには「謝罪の露払い的な言葉」が必要です。

●自分のミスで迷惑をかけてしまって、謝るとき

ダメ▶「すいません！ わあ、たいへんだ。ごめんなさい！ 私が悪いんだ。なんてバカなんだ。私って、いつもこんなドジばっかで。みなさんに迷惑ばっかかけて。私なんかこの仕事向いてないんです。ああ、こりゃあダメだ！ バカバカバカ！ 情けない。本当にすいませんねえ！！」

アリ▶「申し訳ありません。わたくしの気のゆるみでたいへんなご迷惑をかけてしまい、おわびのしようもありません。ここから先は恐れ入りますが、わたくしが原因を探り、時間をかけて訂正してまいります。恐縮ですが、1時間ほど時間をください。その時点で報告します。状況を伝えます。私のせいでご面倒をかけ、申し訳ありませんでした」

オススメ▶「やー、ご迷惑をかけてしまいました。どうしてこんなことになったのか、早急に調べます。ほかにも不具合があれば、どうぞお知らせください。なんとか今日中に対処いたします」

謝るときに、謝罪する気持ち以上に、無能な自分へのいら立ち、うっぷんをぶちまけて楽になろうとばかりする人がいます。自分を責めれば、周囲が許してくれるわけではありません。

　周囲の関心は、自分たちにどこまで彼のミスの影響がおよんでしまうのか、彼が具体的になにをやったのか、彼は被害の拡大を阻止してくれるのか、という点です。

　まずは、周囲への迷惑についてきっちり謝ることが大切です。それから、さらに具体的な問題解決に向けて、すばやく行動していることを伝えます。そして、「迷惑をかけた」「面倒をかけた」という「申し訳ない気持ち」を折々に入れ込みつつ、解決への道筋を示す。確実に対処していく誠意が伝わってきます。仲間への「思いやり」「尊重する気持ち」がそこからくみ取ってもらえます。

　ここでも、彼が口にするのは「敬語的表現」に、「です、ます」のていねい語と「参ります」の丁重語です。

　アリは、とてもていねいですが少々長すぎです。謝罪が長いと、言いわけがましいと思われることがあります。その点、オススメは、端的かつスピーディーで的確な謝罪であり、短すぎることもありません。

●移動中に電車が人身事故でストップ…

ダメ▶　「電車が遅れて、さんざんな目に遭いまして」
アリ▶　「時間に間に合わず言いわけのしようもありません。プレゼンの内容につきましては、途中駅で止まったままの電車の中から課長のアドレスに送信しておきました。発表する中身を急きょ図表にまとめたものです。あ、それです。で

オススメ▶ 「は、その部分から話していいですか」
「いまどき、電車の遅れは、言いわけになりません。申し訳ありませんでした。恐れ入りますが、これからお話しするうえで使用する資料は、あと3〜4分で届きます。それまでのあいだ、さっそくですが、概要をお話ししておきます」

人身事故による電車ストップは、いまや日常茶飯事。これは言いわけになりません。まずは「言いわけのしようもない」と周囲の怒りへの共感を示したら、即座に次善の策。

オススメでは、言いわけを述べる前に、資料の手配をすませ、それがそろうまでの時間を、全体像を伝えるために使うという、出席者の時間をできるだけ有効に使うことを心がけています。伝え方も簡潔で、スッキリしているから、遅れたという事実にとらわれず、事態はすでに次に進んでいます。

アリの場合は、送信した資料をもとにすみやかに仕事に戻るということで、一時も早く、仕事に入ろうとする意気込みが伝わります。表現の工夫も見事ですが、電車内から資料を課長に送ったなど、必要以上に細かい情報を伝えることで、かえって言いわけがましいと感じる人がいるかもしれません。

hint 26 　目上をはげましたいとき

異動で上司が任地を離れるときのお別れパーティ。どんな声をかけたらいいのか迷う人がいることでしょう。

ダメ▶「どうか新任地でもしっかりがんばってくださいね」

オススメ▶「本当にお世話になりました。ご一緒したプロジェクトのときに言われたお言葉、とてもうれしく、いまでも心の支えになっています。こちらにお越しのときはぜひ声をかけてくださいね。すごく楽しみにしてます。ありがとうございました！　そしてこれからもお世話になります！」

目下が目上を激励することはふつうありません。「がんばれ」などと言うのは、不遜というものです。気を悪くさせ、「お前ががんばれ！」と言い返されても文句は言えません。

「がんばってください」という言葉は、言ってしまいがちですが、ぐっとこらえましょう。

こういうときには、「激励」ではなく「感謝」の気持ちを「具体的なエピソード」とともに伝え、さらに「今後も、忘れないで指導してほしい」と、つながりつづけることを希望している気持ちを伝えます。このほうが「がんばってください」というメッセージよりも、上司を喜ばせます。「がんばれ」などと言わなくても、「態度」や「言葉のかけ方」でその気持ちが十分に伝わるものです。

hint 27 [助けてあげたい、救いの手を差しのべたいとき]

仕事はいろいろな人のつながりと支えで成り立っています。一緒に仕事する人を、サポートしたいと思うときもあるでしょう。

ダメ▶「え、お父様が入院？ この年末の忙しい時期に？ 病名はなんですか？ え、頭？ 脳溢血(いっ)？ 脳梗塞とか？ くも膜下？ でどちらに入院？ 日大系の病院？ 意識はあるの？」

↓

オススメ▶「なんにも知らないでごめんなさいね。私なんかにはたいしたことできませんが、もしよろしかったら、なんでもおっしゃってくださいね。よけいなおせっかいかもしれませんが、お嬢ちゃん達ならいつでも預かりますからね」

ダメ会話では相手に気遣うふりを装い、次々わき出る好奇心を満たそうとしているだけです。クイズ番組や医師の問診じゃないんですから、病状という、他人にふれられたくないプライバシーに踏み込むこと自体「礼を欠く」ことになります。

病状を根掘り葉掘り聞かない。亡くなったときも、死因を詮索しない。相手が話してくることだけそのまま聞いて、たいへんな事態に共感し、自分がお手伝いできることがないかを、さりげなくたずねるのが真っ当な大人のふるまいです。

それをきっちりやっているのが、オススメ会話です。

「たいへんな事態」であることは相手のあわてぶりから判断がつきます。救いの手を、差しのべるべき状況なのか、そっとしておいてほしいのか、相手の表情から読み取り、手を貸したほうがいい、と判断したら、相手の負担にならないように「失礼ですが」「私になんかたいしたこともできませんが」「よけいなおせっかいになったらすまないが」という「プチ敬語」で、手助けの用意のあることを、さりげなく伝えます。

それらについての「援助」を申し出るのが「親切」ですが、「親切の押し売り」は、ときに「上目線の同情」となります。それを防ぐために使うのが「プチ敬語」です。

「かえって、足手まといになるかもしれませんが」

「私は暇にしてるんだから気にしないでくださいね」

このような言葉とともに、相手の意志にそった形での「援助」を申し入れるのがルールです。

> **ダメ▶**「え、田舎のオヤジさん具合悪いの？ 危篤か？ 年いくつだったっけ。そりゃあもたないかもなあ。大丈夫か？」
>
> **オススメ▶**「たいへんそうだなあ。生意気なことを言うみたいだけど、仕事のことはともかく、実家にまず帰ったらどうだ。俺でよければ、仕事に穴をあけない程度にはやっておくから。君の代役なんか務まるやつなんていないけどさ。おせっかいかもしれないが、そのくらいはやらせてくれないか」

ダメ会話の「大丈夫か」は、本当に気をつかっての言葉とは受け取られません。他人事だという意識が見え見えです。一方、オススメ会話にはプチ敬語のおかげで気遣いが伝わります。

hint 28 自己演出の「美化語」を使う

話の相手や、話題の人物などではなく、話している自分自身に向けた敬語、とでも言いましょうか。あなた自身の品格を守ることを目的に使用する、自己演出のための敬語が「美化語」です。

●外国語に由来するものには「お」はつけないのが原則

> **ダメ▶** 「おフランス」「おアイスクリーム」「おウイスキー」「おフカヒレスープ」「おシシカバブ」「おキムチ」「おチキン」「おシューマイ」「お餃子」

外国からやってきたものには、ふつう「お」はつけません。ただし、すっかり日本の生活に定着し「お」をつけるのに抵抗を感じなくなった外来語もいくつかあります。

●認知されつつある「お」をつける外来語

> **アリ▶** 「おジュース」「おデート」「おビール」「おソース」「おトイレ」「おたばこ」

場を見て判断するようにしましょう。原則、漢語にはつけません。

> **オススメ▶**「お酒」「お醤油」「お米」「お菓子」「お寿司」「お弁当」「お土産」「御祝儀」「ご褒美」「お品書き」「お持たせ」「お取り寄せ」「お腹」「お天気」「お昼休み」

まわりの人達に、どのように見てもらいたいのかに主眼を置いた自己演出のための表現です。使わなかったからといって、目の前の人や話題の人物を「失敬なやつ」と不愉快にさせたり、怒らせたりする心配のない敬語です。

普通語　　　「先輩、今晩あたり酒一杯、行きませんか？」
　　　　　　「昨日上司と酒を飲みに行きました」
美化語使用　「先輩、お酒飲みに行きませんか？」
　　　　　　「昨日上司とお酒を飲みに行きました」

「お」をつけるつけないで、先輩が喜んだり、怒ったりすることは一般的にはありません。表現としては両方とも「アリ」です。

「酒」に「お」をつけた「お酒」という美化語は、自分以外の他者に作用するというより、もっぱら自分をどう見せたいかという、自己演出の言葉だからです。

目の前の相手や話題の第三者への配慮の前に、まず自分がどう見られたいのかによって使い分ければいいのです。

使いすぎれば「気取ったやつ」と思われるかもしれないし、使わないと「下品なやつ」と思われるかもしれない。

豪快な男っぽさを演出したいときは「酒飲みたいなあ」と酒に「お」はつけない。すなわち「美化語」は使わない。自分は上品な人物であることをアピールしたいときに、「お酒が飲みたいなあ」

と使うのが「美化語」です。男女で言えば、圧倒的に女性が多用します。女性は「お上品な自分」が「そうでない自分」より好ましいものだと感じる人が多いからです。もちろん男性だって「自己演出」を意図して使うことがあります。

> **ダメ▶** 「にぎり」「でん」「つけ」「みき」
> **オススメ▶** 「おにぎり」「おでん」「御御御つけ（おみおつけ）」「おみき」

　ダメに並べたように、「お」がないと意味が変わるもの、わからなくなるものがあります。
　たとえば、「にぎり」は「すし」ですが、これに「お」とつけて「おにぎり」とすると、すしとは別物の「にぎり飯」になってしまいます。このように「にぎりずし」を上品に言おうとして、「おにぎり」と「お」をつけるわけにはいかないのです。
　美化語は自分を上品に見せるだけのもので、人間関係とは直接関係ないものが基本です。「ぞんざいで乱暴ないい方を避ける」ことが、そのまま「周囲に配慮するやつだなあ」と思ってもらえると考えれば「ていねい語」のような要素もふくまれています。
　「この酒、飲まない？」より「このお酒飲まない？」で、目の前の相手配慮を表現するていねい語にとても近い「敬意表現」となりますね。一方で、気取ったやつだなあ、と思われることもあります。使いすぎれば、よそよそしく、慇懃無礼になるので注意が必要です。ものには限度、ですね。
　美化語についてはこのくらい理解しておけばＯＫ。

hint 29 「お」「ご」には、3種類の使い方がある

名刺の前につく「お」はすべて美化語というわけではありません。

アリ▶ 先生に出す「お手紙」（謙譲語的「お」）
アリ▶ 先生からの「お手紙」（尊敬語的「お」）
アリ▶ 「お手紙を書くのが趣味なんです」（美化語的「お」）

目下の自分が書いた「拙い手紙」という謙譲語的「お」、目上にあたる先生からのありがたい手紙なら尊敬語的「お」。誰からもらった、誰に向けて書いた、と言うことを問題にしない、一般的な言い方に出てくる「お手紙」は「美化語」ということになります。

自分を格調高く、上品に演出する、もっぱら自分に関わる敬語が「美化語」。

使用する人の言語感覚により、使用頻度はさまざまですが、むやみやたらに使用することはひかえたほうが無難だ、というくらいに、覚えておけば十分です。

第4章のまとめ

- 表現や言い方をほんの少し変えるだけで印象がやわらかくなる

- ときには、敬語以上に敬意やていねいさを表現できる

- ふだんはカジュアルな言葉づかい、仕事はフォーマルな言葉づかいをする

「あらたまり語」や「クッション言葉」のようなプチ敬語はたいへん便利な表現です。くり返し口に出して、自然に使えるように練習しましょう。

第5章 尊敬語を使って好感度をアップする

尊敬語ってなに？

◉「尊敬語」の前にそもそも「尊敬」ってなに？

「尊敬」とは字のとおり「その人の人格を尊いものと認め、敬うこと」を言います。若い人にとっては、英語respect（リスペクト）のほうが、感じがつかめるかもしれませんね。「うちの課長、仕事はきっちりやりとげるし、後輩の面倒もよく見る。オレはおおいにリスペクトしている」というときの「リスペクト」が「尊敬」です。

この課長は「人格的に尊く、敬うべき存在」として部下に心から「尊敬」されています。

ところが「職場の上司、お客様、取引先、ご近所の人」などでも、心から尊敬している場合もあれば、そうでない場合もあります。とはいえ「尊敬していることにしておいたほうが無難」ですから「尊敬語」が活躍するのです。

苦手な直属の上司、仕事ができない口うるさいだけのウザイ課長で、尊敬していないからと言って「タメ語」でいいかというとそうはいきません。けちばかりつけるお客だからと、邪険にするわけにはいきません。

「お客様のおっしゃることはごもっともですが、今回はこんなふうにお考えになってはいかがでしょうか？」

「おっしゃる」「ごもっとも」「お考えになる」と、心から尊敬もしないのに「尊敬語」をふんだんに使っていますね。これが大人社会の対人関係を円滑にする潤滑油としての敬語の大事な役割です。

「尊敬」と「尊敬語」は違うのです。

◉敬語は遠ざけたいときにも使える！

遠ざけたいときにも尊敬語を使います。

「おっしゃりたいことはそれで全部ですね？　では、すっきりなさったこと

自分への尊敬表現、過剰敬語に気をつけよう

尊敬語は自分側には使わない

まどろっこしい言い方は避ける。バカにされたように感じる人も

でしょうから、お引き取りください」

　(「おっしゃる」は「言う」の、「なさった」は「した」の、「お引き取りください」は「引き取ってくれ」のいずれも尊敬語表現)

　尊敬語を3つも使っているしゃべり手は、聞き手を心から尊敬(リスペクト)していません。早く帰ってほしい、関わりたくない、という思いを敬語の「遠ざける役割」に託しているのです。

◉尊敬しすぎはよくないのはなぜ？

　尊敬語を過剰に使うのはよくない、過剰敬語はやめましょう、と言われる理由は、こんなところにもあります。話を「空々しくする役割」が過剰敬語にあるからです。

「とてもお上品にお召し上がりになられましたですね」

　表面的には「大尊敬」ですが、本音は「せっかくつくったのに、箸をちょっとつけただけ。ほんと、失礼なやつ！」と嫌みを言っているともとれます。

「お客様ですか？　お帰りになられましたですよ」

これも「お帰りになりました」で十分な敬語。さらに「れる、られる」という尊敬の助動詞を加え、ダメ押しにていねい語「ですよ」の過剰敬語は、嫌みだと思う人もいるので避けるのが無難です。

◉「自尊」する気持ちは大事だけれど…

自分で自分を尊敬する「自尊感情」はとても大事なことと、カウンセリグ心理学では言います。しかし敬語に関しては「自分を尊敬する形」はありません。

「私がおっしゃったように」(「おっしゃる」は「言う」の尊敬語。「私」が言うなら「申し上げたように」と謙譲語を使う)

「召し上がっていいですか？」(自分が食べる場合は「いただいていいですか」と謙譲語を使う)

自分に尊敬語を使ってしまう場合は、このように謙譲語との混同がみられる場合が一般的です。

◉尊敬語は相手先を高める表現

尊敬語とは、(1)目の前で話す相手や、(2)話題になる第三者のa行為、bものごと、c状態についてその人物を高める表現です。

a：行為とは動詞と、動作性の名詞のこと

例：食べる→召し上がる　働く→お働きになる　働き→お働き

b：ものごととは名詞のこと

例：名前→お名前　住所→ご住所　手紙→お手紙

c：状態とは形容詞のこと

例：忙しい→お忙しい　美しい→お美しい　立派→ご立派

尊敬語で少々やっかいなのが上に書いた(1)目の前の相手だけでなく、(2)その場にはいない話題の第三者を高める働きがある、というところです。

ていね い語、丁重語は、目の前の話す相手だけに注目すればよかったのに尊敬語は（謙譲語も）そうはいかないのです。

(1)「どうぞ、(食べる) 召し上がってください」

これは、話す目の前の人を持ち上げていますね。

ところが次の文は、持ち上げる人物はそこにいませんし、目の前の人間を持ち上げようとはまったく考えていない会話です。

(2)「おい、おめえ! 親分は召し上がったのかって聞いてんだよ、ドアホ!」

目の前のチンピラを尊敬するために「召し上がる」と尊敬語を使っているわけでないことは一目瞭然。チンピラの上司である兄貴分が、その場にいない、えらくてこわい親分さんを高めた言い方で、目の前のチンピラに聞いているわけです。

●尊敬語のつくり方は大きく3パターン

1. 接頭語「お」「ご」、尊敬を表わす漢字をつける

例：(敬意の対象への、お、ご) お手紙、ご説明や、貴社など

2：一般型

「お（ご）〜になる」（お読みになる、ご帰宅になる）などで尊敬表現にできるもの

3：特定型

「おっしゃる」「いらっしゃる」などの特定の言い方に言い換えるもの

それぞれについては、このあとくわしく例題とともにマスターしていきます。

hint 30 [パターン①　「お」「ご」で尊敬表現をつくる]

「お」「ご」をつけるだけで、尊敬表現を簡単にできます。

●先生がなにをしているか（行為）を聞くとき

アリ▶「先生はいま、講義中？」（非敬語）
オススメ▶「先生はいま、ご講義中？」（尊敬語）

「ご」のひと言を入れるだけで、先生への「尊敬」が表わせます。

●先生の状態を聞くとき

アリ▶「お宅の先生、元気？」（非敬語）
オススメ▶「お宅の先生、お元気？」（尊敬語）

「お」という言葉を、尊敬すべき先生の状態を表わす言葉の頭につけるだけで、印象がまるで違ってくるのがよくわかります。

●先生の所有物を尊敬表現で

アリ▶「あ、先生、帽子！」（非敬語）
オススメ▶「あ、先生、お帽子！」（尊敬語）

「お」の有無だけで、天と地ほどの敬意の違いが出てきますね。
　尊敬語マスターの第一歩は、この「ほんのひと言」から始めるの

Memo
「お」は和語に「ご」は漢語につけるのが原則

①目上の行為・状態に「お」をつける
「お話」「お手並み」「お見立て」「お腹立ち」「お忙しい」「お情け深い」「お上品」「お幸せ」「おくつろぎ」「お健やか」「お賑やか」「お楽しみ」など

②目上の持ち物など名詞に「お」をつける
「お顔」「お姿」「お荷物」「おカバン」「お車」「お履きモノ」「（先生が映っている）お写真」「御髪（おぐし）」「お人柄」「お褒めの言葉」など

③目上の行為・状態に「ご」をつける
「ご講義」「ご出席」「ご指導」「ご研究」「ご帰宅」「ご機嫌」「ご連絡」「ご気分」「ご立腹」「ご不自由」「ご苦労」「ご病気」など

④目上の持ち物などの名詞に「ご」をつける
「ご住所」「ご家族」「ご子息」「ご愛犬」「ご本」「ご著書」「ご経歴」「ご予定」「ご見識」「ご人格」など

⑤原則以外の例外
「お写真」（「ご写真」とは言わない）
「お誕生」（「ご誕生」とも言う）

※「御」と漢字で表記するとよりかしこまった印象になるが、硬さも出る。その点、ひらがなだとソフトな印象になる。

は、そういう理由からです。「ひと言で」あなたも「尊敬語の名人」になれますよ。

「お」「ご」をつけて尊敬語表現にする例を前ページで確認しておいてください。上司、先輩、社長など、目上に置き換えてイメージしてください。

美化語のところで説明したように、「お」のあとは「和語」、「ご」のあとは「漢語」、が原則です。とはいうものの、これはあくまでも「原則」です。

「写真」は漢語ですが、「ご写真」ではなく、「お」をつけて「お写真」とするのがふつうですね。「返事」「誕生」は漢語なのに「お返事」「お誕生」と「お」をつけますし、それ以外にも例外もあります。

あくまで1つの目安として考え、あとは実際に使われている呼び方に従います。このあたりは、日本語は生き物であり、境界線のあいまいなものだと心得てください。

敬語の「原則」も「原則どおり」もあれば「例外」も多くあるので、実際に話されているかどうか、用心深く耳をそばだてる、というのが敬語学習の大事なところです。

hint 31 「お」「ご」の尊敬語を、美化語や謙譲語と間違えない

敬意の対象となる人物の「行為、ものごと、状態」（名詞）に「お」や「ご」をつけてその人物を立てる、という尊敬語。これを、美化語、丁重語と混乱してしまう人がいます。

A：先生からのお手紙
B：先生に出すお手紙
C：私の趣味はいろいろな人とのお手紙のやりとり

すべて、見た目は同じ「お手紙」ですが、その性質が異なります。

美化語は、先に説明したように、誰を高めようとする意図のない、もっぱら自分の品格を保持するために、自己演出のためのものです。この場合、それに当てはまるのはC「お手紙のやりとり」です。誰とはなくやりとりする「お手紙」であることが、すぐおわかりでしょう。

A「先生からのお手紙」は、直前で学んだ、敬意の対象となる人物の持ち物なので、尊敬表現だとわかりますね。

残ったBが謙譲語ということになります。

謙譲語とは、敬意の対象となる人物（ここでは先生）の動作を立てるのではなく、その人物を高めようとする側の動作（ここでは先生に手紙を書く自分）を低めて（へりくだらせて）、敬意の対象（先生）を高めるものです。読む先生を高める目的で、書く自分を低める、まさにこの「お手紙」は謙譲を表現するものだ、というの

5 尊敬語を使って好感度をアップする

が理屈です（「謙譲語」については第6章できっちりお話ししますから、いまは「そんなものか」ぐらいで結構です）。

謙譲語、尊敬語、美化語を使い分けるポイントは、「誰を誰がどうするための手紙だ？」と考えればいいでしょう。

「自分側を低める表現で伝えるなら謙譲語」
「相手側を高める表現で伝えるなら尊敬語」
「自分のことだけ考えているものは美化語」

「お」「ご」をつけるだけで「尊敬語ができてしまう」を学びました。つづいて「高めるべき人の行為につく言葉を、一般型の言葉にかえて尊敬の気持ちを表わす、「一般型の尊敬語」を勉強していきましょう。

使えると少しカッコイイ接頭語

使う漢字	ふつうの表現	尊敬表現	コメント
御、貴	あなたの会社	御社（おんしゃ）、貴社	貴社は書き言葉で使う
芳	名前	ご芳名	ワンランク尊敬度の高い表現
令	息子	令息	高めるべき人の息子、娘、夫人を高める表現
	娘	令嬢	
	妻	令夫人	
様、殿	山口さん	山口様、山口殿	殿はもっぱら業務用に使う
御中	○○株式会社	○○株式会社御中	相手が組織の場合は御中を使う
	○○株式会社営業部	○○株式会社営業部御中	

hint 32 [パターン② 「一般型尊敬語」]

　高めるべき人の行為につく言葉を、たとえば「書く」を「お（ご）〜になる」に当てはめて「お書きになる」で尊敬語にするようなものを一般型と呼びます。

　「お（ご）〜になる」のようなパターンにはめ込めば、そのまま尊敬語に早変わりします。この「お（ご）〜なる」などの尊敬表現を、「一般形尊敬語」と呼びます。

　のちほど紹介する特定型では、「行く」の尊敬語が「いらっしゃる」のようにまったく違う形に変化します。

覚えておきたい一般型尊敬語

尊敬語	使い方の例
お（ご）〜になる	「お目覚めになる」など
お（ご）〜なさる	「ドキドキなさる」など
お（ご）〜だ（です）	「お調べだ」など
〜て（で）いらっしゃる	「細くていらっしゃる」など
お（ご）〜くださる（ください）	「お知らせくださる」など
れる、られる、される	「読まれる」など

hint 33 「お(ご) 〜になる」

　一日の暮らしのなかから、ごく一般的な行為を尊敬語化してみましょう。なるほど、「お(ご)」と「になる」ではさめば尊敬語、という感覚を味わってください。「お」は和語に、「ご」は「漢語に」というのが基本ですが、もちろん例外もあります。

　Aさんの平凡な一日を尊敬語で言うと……。

目覚める	➡	お目覚めになる
(新聞を) 読む	➡	お読みになる
出かける	➡	お出かけになる
働く	➡	お働きになる
退社する	➡	ご退社になる
飲む	➡	お飲みになる
(仲間と) 話す	➡	お話しになる
帰宅する	➡	ご帰宅になる
入浴する	➡	ご入浴になる
就寝する	➡	ご就寝になる

　このように「お(ご)〜になる」尊敬語の定型パターンを身体に叩き込んでおいてくださいね。そうすると、よくある、謙譲語との混同を避けることができます。混同したとたん「変な感じ」におそわれるからです。

「お（ご）〜になる」尊敬語の定型パターンとよく混同されるのが、「お（ご）〜する」の謙譲語の定型パターンです。

● **デパートの店員が、お客に買い上げたものを、持ち帰るかたずねるとき**

> ダメ▶「こちらの商品お持ち帰りしますか？」
> ↓
> オススメ▶「こちらの商品お持ち帰りになりますか？」

「お〜する」は謙譲表現です。しかも「お持ち帰りします」という言い回しは謙譲語としても成立していません。同じ内容を謙譲語で言うなら、「持ち帰る」という自分の行為を低めるために「持ち帰らせていただく」としなければなりません。このあたりは次の章でたっぷりやりましょう。

ここでは「お（ご）〜になる」は尊敬語のパターン。ゆえに「お持ち帰りになります」が尊敬語、と覚えましょう。

Aさんの平凡な一日で尊敬語のパターンが身体にしみこんでいれば、尊敬表現で「お持ち帰りする」に、違和感を覚えたでしょう。敬語は「違和感」を大事にすることです。敬語に敏感になると、敬語が自由に使えるようになるのです。だからこそ、くり返し、身体で覚えましょうと、言っているのです。

hint 34 「お（ご）〜なる」と「お（ご）〜できる」ってどう違う？

　先ほど紹介した「お（ご）〜になる」の可能表現での誤用が目立つので、ここでまとめておきましょう。
　普通電車しか止まらない駅をご利用の方、こんなアナウンスを毎日聞かされていることと思いますが、あなたの利用する電車のアナウンスは、つぎのうちどれでしょうか？

ダメ▶「次の電車は通勤快速ですので、当駅ではご乗車できません」

⬇

オススメ▶「次の電車は通勤快速ですので、当駅ではご乗車になれません」

　少々理屈っぽくなりますが、「お（ご）〜できる」は謙譲語「お（ご）〜する」の可能形です。「ご乗車できません」はその否定形。典型的な「謙譲語一般型」との混同です。乗客に対しての尊敬語にはなりえないのです。
　「乗客は快速電車には乗せていただけないんだからあきらめろ！」駅員さんがそんな尊大な意図をもってアナウンスしているとも思えません。「ご乗車」で尊敬語、「できません」でていねい語。十分敬意を表わしているはず、と勘違いしてしまった結果の、尊敬語と謙譲語の、典型的な誤用です。
　ところが、言葉とはおそろしいもので、あまりにもくり返し聞か

「ご〜できません」、「お〜できません」はダメ！

間違った表現		正しい表現
「ご搭乗できません」	➡	「ご搭乗になれません」
「ご契約できません」	➡	「ご契約になれません」
「ご入会できません」	➡	「ご入会になれません」
「ご利用できません」	➡	「ご利用になれません」
「お楽しみできません」	➡	「お楽しみになれません」
「お着替えできません」	➡	「お着替えになれません」
「お使いできません」	➡	「お使いになれません」

されているうちに、多くの人が、「ご乗車できません」は客への「尊敬表現」として納得し始めている気配があります（文化庁調査）。

しかし「敬語感覚に敏感な大人」はこういうところで、「できるやつ、できないやつ」と人を判断しますから、正誤の区別をしっかり身体に叩き込んでおくべきです。

そのための訓練だと思って上の表を見てきっちり確認しておいてくださいね。

「お（ご）〜できません」と言われても、「気にならない」と思っている人が大勢となってしまいました。しかし、このような間違った表現を自ら使うのは、避けるほうが賢明でしょう。聞こえてくるぶんにはいちいちつっかかっていくのも大人げない感じがしますが。

hint 35 「れる、られる、される」(尊敬の助動詞)

最も簡単に「敬語化」させるパターンが「れる、られる、される」という尊敬の助動詞を動詞のあとに加えるものです。その使い勝手のよさから誤用の一因にもなっています。

ダメ▶ 「私の企画書読まされましたか？」
　　　　　　　　↓
オススメ▶ 「私の企画書読まれましたか？」

「読む」に、尊敬の助動詞「れる」を加えて簡単に尊敬語になる例です。「される」は、「する」+「れる」からなるもの。「検討されました」のように「検討する」「企画する」「プレゼンする」の「する」のついた動詞の尊敬表現として「される」を使います。

「読まされました」では「尊敬語」とは関係ありません。無理矢理「読まされる」強制的な受け身の表現です。

「れる、られる、される」は、動詞を敬語化するうえで、実に使い勝手のいい助動詞です。B社長の平凡な一日を「れる、られる、される」の尊敬表現でつづってみましょう。

▶ 朝、6時に起きられた。トイレに行かれたあと、朝食をとられた。テレビを見られたあと、車に乗られ、家を出られた。途中街の様子を見られ、楽しまれた。会社に到着された。社員に挨拶された。来客と会われた。会議に出られた。昼食をとられ、

> 社員と、囲碁をなされた。そのあと、得意先を回られ、帰社された。退社後はキャバクラで遊ばれた。楽しまれた後、帰宅された。パソコンでメールされたあと、ネットサーフィンされ、床につかれた。

このように、「れる、られる、される」は、まるで万能敬語製造器です。だからこそ、落とし穴に注意しましょう。

「れる、られる」は、「尊敬」のほかに「可能、受け身、自発（生まれる、など）」としても使われます。

たとえば「来られる」と聞いて、それが尊敬か、可能か、一瞬迷いますよね。若者が「可能」については「ら抜き」で「来れる」「見れる」「食べれる」と使い分けるのも、無理からぬことという気もしないでもありません。尊敬語は「れる、られる、される」ですませばいいという安易な考え方は、誤解を招くおそれもあるので、「れる」「られる」以外の尊敬表現があれば、そちらを優先します。

以下に、誤解を招きやすいパターンを記しておきます。

前の日の宴会で泥酔した社長を心配した部下が、秘書にたずねたシーンです。

● **受け身か可能か、尊敬かわかりにくい**

> アリ▶「社長は来られた？」
>   ↓
> オススメ▶「社長はいらっしゃった？」

「来られた」だけだと、可能か、尊敬かがわかりませんね。こういう場合、「れる、られる」以外の表現を使うべきなのです。「来

る」の特定型尊敬語「いらっしゃる」を使います（123ページ参照）。

　また「来ることができたのか」、可能について尊敬語で聞きたいなら、「来る」の特定型尊敬語「お越しになる」も使えますね。

▶︎ 「社長はお越しになれたの？」

「来られる」による誤解や間違いはなくなります。万能だからといって、「れる、られる、される」ばかりに頼ってはいけません。

●可能か尊敬かわかりにくい

ダメ▶︎	「先輩は取引先には、一人で行かれるんですか？」
アリ▶︎	「先輩は取引先には、一人でお行きになるんですか？」
オススメ▶︎	「先輩は取引先には、一人でいらっしゃるんですか？」

「一人で行かれるんですか？」では、まるで一人じゃ行けない情けないやつなのかをたずねられたかのようです。「お（ご）〜なる」も使えますが、できれば「いらっしゃるんですか？」というように、特定型尊敬語を優先的に使用したいものです。

アリ▶︎	「あ、社長が笑われました！」
	⬇
オススメ▶︎	「あ、社長がお笑いになりました！」

　これも「笑われました」だと、「社長が（誰かに）笑われた」という受け身との混同が懸念されますね。

　「れる、られる、される」の使いすぎに注意を。

hint 36 「～なさる」「お(ご)～なさる」

「～なさる」の「～」には、「漢語」や「外来語」や「擬態語(ビクビク、ドキドキ、ハラハラ、など、心の様子を音で表現したもの)」が入ることが多い。「大事になさる」「お大事になさる」「キャンプなさる」「テニスなさる」「そわそわなさる」などのように使う。

> **ダメ▶**　「おドキドキなさるのは心臓に悪いですよ」
> ↓
> **オススメ▶**　「ドキドキなさるのは心臓に悪いですよ」

擬態語、漢語以外のカタカナ語には接頭語「お」「ご」をつけません。

> **ダメ▶**　「恋しなさることは素敵だ」
> ↓
> **オススメ▶**　「恋愛なさることは素敵だ」

「恋しい、いとおしい」という和語はなじまない。「恋愛」と、漢語にすればなじむのがこのパターンです。

　　アリ▶　「お怒りなさる」
　オススメ▶　「お怒りになる」(「お～なる」の定型語としての尊敬
　　　　　　　表現で、適切)
　オススメ▶　「激怒なさる」

hint 37 「お(ご)〜だ(です)」

「お(ご)」のあとに動詞の連用形、または漢語をつけて「だ」または「です」で、尊敬語をつくることができます。

オススメ▶ お調べだ。お調べです。ご視察だ。ご視察です。ご不在です。
ご出発だ。ご出発です。ご案内だ。ご案内です。お見送りです。

ダメ▶「お行くです」
オススメ▶「お行きです」

動詞は連用形でないと、「だ(です)」につながりません。

ダメ▶「お休みたいだ」「お休みたいです」
オススメ▶「お休みだ」「お休みです」

「休みたい」は「お〜なる」の形で、「お休みになりたいですか？」と使う自分以外の高めるべき人間の行動を立てて、尊敬表現にする場合に、この形は適切です。

hint 38 「～て（で）いらっしゃる」

尊敬する対象（目の前の相手、第三者）の状態を、形容詞や形容動詞で尊敬表現にすることもできます。

> **ダメ▶**「おすばらしいだ」「おすばらしいです」
> **オススメ▶**「ご立派だ」「ご立派です」

形容詞や形容動詞の尊敬語は、「お（ご）」を頭につけて「お忙しい、ご立派だ」とできるものがあります。

その一方で、「すばらしい」のように「お（ご）」の接頭語がなじまない形容詞があります。「おすばらしい」は変ですね。基本的に和語には使いません。

なお、形容詞には、もう１つの尊敬語にする方法があります。

> **アリ▶**「細いですね」「たくましいですね」（ていねい語）
> **オススメ▶**「細くていらっしゃる」「たくましくていらっしゃる」

「おすばらしいだ」「おすばらしいです」など、「お（ご）」の接頭語がなじまない形容詞に使えるのがこのパターンです。

「～て（で）いらっしゃる」をあとにつけて、「すばらしくていらっしゃる」のように尊敬語にできるのです。「お（ご）＋形容詞（形容動詞）」の「お忙しい」「ご立派だ」も「お忙しくていらっしゃる」「ご立派でいらっしゃる」という形で併用できます。

5 尊敬語を使って好感度をアップする

hint 39 「お(ご)〜くださる(ください)」

自分のためになることをして「くれる」の、「くれる」の尊敬語が「くださる」。ありがたいことをして「くださる」という意味です。この「くださる」をさらに高く尊敬の気持ちを表現するのが頭につく「お(ご)」です。

オススメ▶ お知らせくださった。ご紹介くださる。ご配慮くださった。ご説明ください。ご案内ください。お話ください。お下がりください。

たいへん使い勝手のいい尊敬語ですね。

ダメ▶ 「おタバコはご遠慮させていただいております」
　　　↓
オススメ▶ 「おタバコはご遠慮ください」

「ご遠慮させていただいております」は、ちょっとわかりにくくありませんか?
「遠慮」は自分たちの行為で、それを「させていただく」という謙譲語で低めて、利用客を高める謙譲表現です。それに「おります」という丁重語を加えた、ごていねいな表現。たばこを吸うなど滅相もない、恐縮ですが我々は禁煙をさせていただいておりますんですよ、とずいぶんとへりくだった禁煙宣言です。宣言なんかしな

いで「勝手にどうぞ」と言いたいところですが、言った人の本音は「ご遠慮ください、お願いします」と、お客への禁煙のお願いを謙譲表現で述べているつもりでしょう。しかし、公共の場で、このようなあいまいな呼びかけはかえって誤解を与え、不親切とも言えます。したがって「遠慮させていただいております」は不適切です。

きっちり「ご遠慮ください」と尊敬表現でお客への配慮を表わしながら「禁煙だ」と訴えたほうが、ずっと効果的だと思います。

もって回って、文を長く、あいまいにすることで、敬意を高める、という方法を好む人がいます。それが謙譲と尊敬の混同を招くことになっては、せっかくの努力が水の泡です。

適切な敬語表現を、簡潔に。これが一番です。その意味ではオススメパターンは最適です。

> **ダメ▶**「白線の内側まで下がってお待ちをください」
> ↓
> **オススメ▶**「白線の内側まで下がってお待ちください」

「お〜ください」という非常にわかりやすい一般型尊敬語に、あえて「を」を加えてしまい、まどろっこしくなっています。

政治家が「お訴えを、申し上げ、ご納得をいただき、いましばらく、お待ちを、くださいますよう、お願いを、申し上げ」などという言い方を好む傾向があります。もったいぶるための政治家の動詞を名詞にして「を入れ」にする演説を聞かされつづけるスタイル。不必要な「を入れ」で丁重さを出そうとしているのでしょうが、やめるべき使い方です。

hint 40 [パターン③ 「特定型尊敬語」]

　「お（ご）〜する」などの一般型と異なり、専用の言葉、特定の言葉を使う、「特定型」があります。行動を高めて人物を高める、という尊敬語を理解するときのコツは、具体的な人物を思い描いて、頭の中で「こっちが高い」「相対的にこっちが低い」と映像化したり、または具体的に紙に書き出したりして見ると理解しやすいものです。

おもな特定型尊敬語

普通語	尊敬語	普通語	尊敬語
いる	いらっしゃる	食べる	召し上がる
来る	おいでになる	飲む	
	いらっしゃる	見る	ご覧になる
	お越しになる	してみる	
	お見えになる	くれる	くださる
	見える	〜してくれる	
行く	お越しになる	知っている	ご存じ
	おいでになる	する	なさる
	いらっしゃる	行なう	
言う	おっしゃる	やる	

hint 41 [「いらっしゃる、おいでになる」は「来る」の尊敬語]

よく使う尊敬語「いらっしゃる」「おいでになる」の使い方を見ていきましょう。

● **社内会議で、担当課長が社員に**

> **アリ▶**「そろそろ社長が来るよ」（タメ語。社長の前ではダメ）
>
> ↓
>
> **オススメ▶**「そろそろ社長がいらっしゃいますよ」
> 「そろそろ社長がおいでになりますよ」

　社内での序列では、社長は上位に待遇するのがお約束。

　社長を尊敬していようと、いなかろうと、「尊敬語」を使うのが当然のこととして求められます。「心から尊敬もしていないのに、尊敬語なんて使えない」という発想は間違いです。敬語は「そのように待遇する」ものなのです。心のなかで、尊敬したい、したくないは自由ですが、世間相場に従って、高いか低いかを位置づける。「お約束の対人関係」を明確にするためのシステムだと考えてください。「社長を、社員より高く位置づける」これがお約束です。

　あーあ、仕事のまるでおできにならない、社長がおいでになるか、服装だけは、ご立派だか、お話はおヘタでいらっしゃる。あ、いらっしゃった、いらっしゃた。……こういう使い方もあるのです。

　敬意のない尊敬語もあるのです。

hint 42 「いらっしゃる」は「行く、いる、である」の尊敬語

「いらっしゃる」は「来る」のほか、「行く、いる、である」の尊敬語でもあります。

非敬語▶「社長が行く」 ➡ **尊敬語**▶「社長がいらっしゃる」
非敬語▶「社長がいる」 ➡ **尊敬語**▶「社長がいらっしゃる」
非敬語▶「あの方が社長である」➡
　　　　　　　　　尊敬語▶「あの方が社長でいらっしゃる」

「行く」「いる」「である」はすべて「いらっしゃる」という特定語で「尊敬語」にできます。

先に話したとおり、尊敬語には、「お(ご)〜になる」という応用範囲の広い「一般型」と、「いらっしゃる」のように、限定的なある言葉のためだけに存在する「特定型」があります。

「特定型」があるものについては「特定型」を優先して使うのが望ましいのです。特定型がない言葉については、「一般型」を用いることになります。

このあとも「特定型」をチェックしていきます。覚えられない数ではありませんので、安心して読み進めてください。

hint 43 ［「見える、お越しになる」は「来る」の尊敬語］

> 「来る」は、「いらっしゃる」以外にも「お見えになる」「お越しになる」でも言い換えられます。

　高めるべき人物の「来る」という行為がいかに大事な行為なのか。「高める表現の多さ」でそのことが忍ばれますね。「目上が来てくれる」ことは、たいへんありがたい行為とみなされるのでしょう。

> 「お客様がいらっしゃる」
> 「お客様がおいでになる」
> 「お客様がお見えになる」
> 「お客様がお越しになる」

　高める人物の行為「来る」には、これだけ多様な「尊敬語」が存在します。できるだけ多種類を使って、会話を豊かにできることを実感してくださいね。文章でもそうですが、会話でも、多彩な言葉を使う人が知的な話し手と見られます。

> **アリ▶**「そろそろ社長が来る」（非敬語）
> **オススメ▶**「そろそろ社長がいらっしゃる」
> 　　　　「そろそろ社長がおいでになる」
> 　　　　「そろそろ社長がお見えになる」
> 　　　　「そろそろ社長がお越しになる」

5　尊敬語を使って好感度をアップする

「高く立てたい人物の名前を主語にして」「来る」を、さまざまな「特定型」の「尊敬語」に変化させる練習をしておきましょう。

> **アリ▶** 「社長が明日出張で、大阪に見える」
> **オススメ▶** 「社長が明日出張で、大阪にお見えになる」
> **オススメ▶** 「社長が明日出張で、大阪にお越しになる」

「お越しになる」という「来る」の尊敬語（特定型）は「行く」という意味でも使えます。しかし「見える」は「来る」には使えても「行く」には使えない。ここは押さえておきましょうね。

> **ダメ▶** 「今日は一日中、会場にお越しでした」
> **オススメ▶** 「今日は一日中会場にいらっしゃいました」

「お越しになる」は「来る」「行く」という意味の尊敬語ですが「いる」については使えません。

「いらっしゃる」の使い勝手がいいからといって、なんでも「いらっしゃる」だけだと、表現が単調になります。そこで、まずは「いらっしゃる」を覚え、さらに、「来る」「行く」には「お越しになる」「お見えになる」、そして「来る」「いる」には「いらっしゃる」を意識的に使えば「敬語がうまい人」と言ってもらえることでしょう。

最初のステップとして、「来る」を尊敬語の表現にしたいときは「いらっしゃる」のほか、「お越しになる」「見える」を優先的に使ってみてはいかがでしょうか。

hint 44 「なさる」は「する(なす、行なう、やる)」の尊敬語

> 「なさる」は「する」「〜をする」(なす、行なう、やる)の尊敬表現です。

アリ▶ 「料理をする」「料理する」(非敬語)
　　　　　　↓
オススメ▶ 「料理をなさる」「料理なさる」(尊敬語)

「なさる」は、和語、漢語、カタカナにも、なじみのいい言葉でよく使います。

「たわむれる」	➡	「たわむれなさる」
「ささやく」	➡	「ささやきなさる」
「勉強する」	➡	「勉強なさる」
「読書する」	➡	「読書なさる」
「スキーする」	➡	「スキーなさる」
「テニスする」	➡	「テニスなさる」

とはいえ、「痴漢なさる」「窃盗なさる」「ピンハネなさる」という、本来、一般に尊敬場面にふさわしくない名詞には「なさる」は使いません。

●具合が悪く帰社した上司。部下がその妻に電話で様子を聞く

アリ▶「その後ご主人どうしていますか？」（ていねい語）
オススメ▶「その後ご主人どうなさっていますか？」（尊敬語）

「どうする」の現在進行形「どうしている」のていねい語表現「どうしています」は、話す相手の妻に向けてのていねいさは感じられますが、話題にしている上司への敬意は表現できていません。

尊敬語の役割は「高めたい」と意図する人物（この場合であれば、上司）の行為を高め、その人物を高めて待遇するもの。この場合だと、上司の行為「する」を「なさる」と尊敬表現にして、「どうしていますか？」を「どうなさっていますか？」にするのが好ましい。「どうなさる」で上司への尊敬と同時に、「ますか？」で直接話している相手先である妻へのていねいさも表現できています。

アリ▶ ご実家では法事をやるんですか？（ていねい語）
　　　　　　　↓
オススメ▶ ご実家は法事をなさるんですか？（尊敬語）

「法事」のような大事な行事の場合、「やる」ではぞんざいに聞こえます。「なさる」（尊敬語）＋「ですか？」（ていねい語の疑問形）が最も好ましい。ただ、「なさる」という尊敬語さえ使えば、敬意を表わせるというものではありません。質問を発するときは、質問そのものに失礼がないかどうか、相手の立場になって考える必要があります。相手が聞かれたくないことを、いくら尊敬語を使っても、相手は不愉快に思い、敬意など伝わるはずもありません。

hint 45 「おっしゃる」は「言う」の尊敬語

「おっしゃる」もよく使う尊敬語です。それだけに誤用も多いので、注意が必要です。

ダメ▶「会議では、社長が新規計画について申し上げるから、社員はよく聞くように」

ダメ▶「会議では、社長が新規計画について申しますから、社員はよく聞くように」

アリ▶「会議では、社長が新規計画について言われるから、社員はよく聞くように」

オススメ▶「会議では、社長が新規計画についておっしゃるから、社員はよく聞くように」

「申します」は、丁重語「申す」にていねい語「ます」からなっています。丁重語は話し手が、目の前の人（ここでは大勢の社員たち）に対し、かしこまって言う表現です。社長本人を高める表現ではありません。

「申し上げる」は、丁重語ではなく、謙譲語です。社長の「話す」という行為を低めて、聞き手（自社の社員）を高める表現です、社内では、社長を低めてはなりませんので間違いです。

「言う」について「おっしゃる」「申す」「申し上げる」などの混乱が見られるので、要注意です。それぞれの表現を確認しておいてください。

この誤用のもう1つの原因は、テレビの時代劇などで悪役が農民に「お代官様が申したようにやらぬか！」と怒鳴りつけるシーンが耳にこびりついている人が勘違いしている、というのがあるかもしれませんね。昔はともかく、現代では「申す」を尊敬語で使いません。
　そこで「おっしゃる」を使った表現がオススメです。

> **ダメ▶**「マンション建設は反対だと申された住民のみなさん」
> **オススメ▶**「マンション建設は反対だとおっしゃった住民のみなさん」

　「申される」も、丁重語の「申す」と尊敬語の「れる」を強引につけた間違いです。これを尊敬語、と勘違いする人が多い表現です。
　「申される」とワープロに打ち込むと、あるワープロソフトでは「謙譲語（本書では丁重語）と尊敬語の混同」と青字で警告文が表示されます。
　これに似た、「おる」という謙譲語と「れる」という尊敬語からなる「おられる」は、古くから、とくに関西方面ではふつうに使われ、いまでは全国的にも違和感を覚えない人が大半だとする各種調査（文化庁、旧国語研究所など）もあり、容認する傾向にあります。とはいえ「謙譲語（謙譲語Ⅱ丁重語）と、尊敬語の混同だ」と主張する人もいるので「いらっしゃる」のほうが無難でしょう。
　「申される」のような丁重語と尊敬語の混同は「なんらかの敬意を表わさなければ」という思いだけがから回り。それに知識がともなわない場合に発生しやすいものです。
　マンション建設反対の住民を尊敬などしていないとしても、言葉の上では高めて立てる必要のある場面です。「おっしゃった」と表現すべきだと心しましょう。

「言う」の尊敬語を確認しておこう

普通語	尊敬語	丁重語	謙譲語
言う	おっしゃる	申す	申し上げる

「申される」という表現はないので使わないこと。
「申す」と「申し上げる」の違いは165ページ参照

> **ダメ▶** （子供に母親が）「うそを言え！」（乱暴すぎる）
> **オススメ▶** 「うそをおっしゃい！」

　どちらも「うそをついたらダメですよ」という内容を強く子供に叱りつけるように言う表現です。「うそを言え！」は「言う」の命令形で、文法的になんら間違いではありませんが、この言葉を口に出している母親の品格が疑われる言い方です。できればもう少していねいな言い方をオススメしたいと、ダメにしました。

　「おっしゃい」は「言う」の尊敬語「おっしゃる」の命令形ですが、こういう場面では子供への尊敬、と言う意味はなくなっています。自分の品格保持のための「美化語的表現」です。期せずして叱るときの自己演出となっていますね。

hint 46 「召し上がる」は「食べる、飲む」の尊敬語

「食べる」「飲む」の尊敬語は「召し上がる」です。

アリ▶「辛いキムチをお食べになりますか？」

⬇

オススメ▶「辛いキムチを召し上がりますか？」

「いただく」は食べるの謙譲語（178ページ参照）。相手先の行為について使えません。「いただきますか？」はありえないのですが、「召し上がる」との誤用は、しばしば指摘されます。「いただくは自分側、召し上がるは相手先」と叩き込んでおくことです。

前者の「お食べになりますか」は「お～なります」という尊敬語の一般形です。文法的には問題ありません。しかし、知識を頭に入れる前に、語感として「お食べになる」と「召し上がる」では、どちらが耳に心地いいですか？

召し上がる、という言葉は「食べる」「飲む」の特定型の尊敬語です。このように、専用の尊敬語を持つ言葉は、専用のもの、特定型を優先する、という原則があります。

そこで、あえて「お食べになる」を使わずに、せっかく専用言葉があるのですから「召し上がる」を使いましょう、ということなのです。このほうがずっと言葉がこなれた感じがします。

> ダメ▶ 「お肉をお召し上がりになられる」（ふつうはダメ）
>
> ↓
>
> オススメ▶ 「お肉をお召し上がりになる」
> 「お肉を召し上がる」

　「お肉を召し上がる」だけでも尊敬語として十分です。「お召し上がりになる」は、一般型に準じた形で、より敬意の高い表現として使うことが一般的に広く容認されています。過剰敬語気味、と考える人もいるので微妙なところです。

　なにを基準に「容認」とするかは、率直なところ、文化庁や、旧国語研究所、ＮＨＫ放送文化研究所などをはじめとする機関が実施した各種調査で「多数」を占めるかどうかです。実感としても、違和感を覚えなくなったときが、容認のとき。言葉の揺れ、許容する、許容しないとは、実はとてもあいまいなのですが、世の中の大勢に従いながら、徐々に変化するものです。

　現時点では「お召し上がりになる」に抵抗があるという人は減ってきています。ところが「お召し上がりになられる」は、「お召し上がりになる」に、さらに「れる」という尊敬の言葉を重ねたもので、しつこすぎる「過剰敬語」。容認する人は少数派です。「過ぎたるはおよびがたし」ですね。

　尊敬のしすぎは、一転、小馬鹿にする感じになることもあるのです。しかし、「過剰な尊敬語が心地よい」という人もいますから、そういう人の自尊心をくすぐって、なんらかの意図のために、戦略的に考えれば「アリ」です。

> ダメ▶「まあ、丸々とお太りになったこのわんこちゃん、よくお召し上がりになるほうですの？」（ふつうはダメ）
> オススメ▶「この犬、よく食べるほうですか？」

　通常、犬などの動物には尊敬語は使いません。

　愛犬家同士なら、上のパターンでもふつうに感じることもあるのでしょうが、特別に犬に興味がない人にとっては、変に感じられるでしょう。人間が犬に尊敬語を使うことは、一般的にはあまりオススメできません。

Memo
ペットを「人」とみなす人、みなさない人のズレ

　「かわいい犬ですね」とほめたつもりが「うちの子を、犬だなんて、失礼ね！」と、怒り出す人がいます。「犬にえさをあげる」は間違いだ、「犬にえさをやる」が正解だ、と信じて疑わない時代は遠い昔です。

　「あげる」は「与える」の謙譲語。人間が犬に対して自分を低め犬を高めるなどとんでもない、と目くじらを立てる人がいましたが、現在では「あげる」に謙譲的意味はあまり感じられません。かわいいわんちゃんに「あげる」を使うのは、もはや常識です。「えさをやる」と非敬語で言うほうが徐々に少数派になっていくものと思われます。実際、敬語の指針でも「えさをあげる」を容認しています。

（家族ですの！）

hint 47 「ご覧になる」は「見る、してみる」の尊敬語

「見る」「してみる」の尊敬語「ご覧になる」があります。この表現、いくつか注意が必要です。

> **アリ▶**「社長は、毎朝、ニュースを見る」（普通語）
> **アリ▶**「社長は、毎朝、ニュースを見られる」
> ↓
> **オススメ▶**「社長は、毎朝、ニュースをご覧になる」

「見る」の尊敬語には尊敬語の助動詞「れる、られる」をつけた「見られる」もあります。「ご覧になる」のほうが敬意はより高いとされています。「見られる」は可能と受け止められるおそれもあり、「ご覧になる」のほうがすっきりします。敬意も「ご覧になる」のほうが高いとされています。

> **ダメ▶**「部長、資料をご覧になられましたか？」
> ↓
> **オススメ▶**「部長、資料をご覧になりましたか？」

「ご覧になる」で十分な敬意が込められているところに、さらに重ねて、尊敬の「れる、られる」を加えた二重敬語として問題視する人がいるので避けるべきです。「ご覧になる」で十分です。

ただし、このような過剰表現を好む人もまれにいるので、ビジネ

スによっては有効な場面もありそうです。

> **ダメ▶**「ご覧した感想は？」
> ⬇
> **オススメ▶**「ご覧になっての感想は？」

「ご覧する」とは言いません。「ご覧」のあとには「になる」がつづきます。「ご覧になる」と一語として覚えておきましょう。「ご覧になる」には、「してみる」、英語の try の尊敬語で動詞について尊敬語にできます。

> **ダメ▶** やってご覧にしてみたら、いかがですか？
> **オススメ▶** やってご覧になったら、いかがですか？

「描いてご覧になる」「弾いてご覧になる」「書いてご覧になる」などというように使えます。

> **ダメ▶**「ご覧なさい。あの美しい夕焼けを！」
> **オススメ▶**「ご覧ください。あの美しい夕焼けを！」

「ご覧なさい」という表現そのものは誤りでありませんが、目上に使うとなると誤りです。この表現はきつい命令形であり、相手先を高める意図は感じられません。たしなめているのです。

「ご覧なさい。あなたがそっぽ向いているうちに、せっかくの美しい夕焼けが見えなくなったでしょう！」という「小言」で使われるものです。「ご覧ください！　ほーら、きれいですねえ」と、言

葉の向かう先（言葉を伝えるべき人）を高めつつ、美しさのお裾分けをという誠意の感じられる表現です。

「ご覧になる」は「ご覧ください」、さらに「ご覧のとおり」という使われ方もします。

> **ダメ▶**「見てのご覧のとおり」
> **オススメ▶**「ご覧のとおり」

「見てのご覧のとおり」は意味の重複です。なお、「見てのとおり」（非敬語）はあっても「見てのご覧のとおり」は「見る」がダブって入っていておかしな表現です。正しい「決まり文句」が身体に染み込んでいれば、おかしなフレーズにすぐに違和感を覚えるはずです。

「ご覧のとおり、街は若葉の季節を迎え、木々も青々としています」

初夏の風景をレポートするときの決まり文句です。この手の決まり文句を、番組で多用するのは問題（ワンパターンな描写）ですが、敬語学習をするうえでは、おおいに結構。この場合は、テレビを見ている視聴者を高めるための尊敬語として使われています。

hint 48 「くださる」は「くれる、〜してくれる」の尊敬語

「くださる」は、品物や恩恵を（与えて）「くれる」という動作主を高めるための言葉です。

ダメ▶「くださるものはなんでもくださってください」
　　↓
オススメ▶「くださるものはなんでもいただきます」

　品物を与えてくれる人の行為を高める尊敬語「くださる」でその人物を高めた、と思ったら、一転して「くださる」という尊敬の行為をおねだりするという、なんともへんてこりんな文になっています。文として成立していません。

　その点、オススメ文は、のちに学ぶ「いただく」という恩恵を受ける自分側の行為を低めて相手を高める謙譲表現を、「くださる」という「尊敬語」に対応させるという、実に見事な文となっています。相手が「くださる」という恩恵を与える行為を「尊敬語」で立て、こちらの行為を「いただく」という恩恵を受ける「謙譲語」で低める。この「尊敬語」と「謙譲語」の対比をそのまま覚えておくと、謙譲語を学ぶときに役立ちます。相手が「くださる」、こちらが「いただく」、を呪文のようにくり返し、身体に叩き込みます。

Memo

目上に「～ください」は失礼に感じる人も!?

「ください」は動作を要求する際に、語尾について言い回しをていねいにする軽い敬語表現です。

「こちらにサインしてくれ」→「こちらにサインしてください」にするとぐっと優しいトーンになります。

「ください」はていねいな言い回しで、目上に失礼などということはありません。

ただし、敬意摩滅の法則と呼ばれるものがあります。敬語も使いつづけているうちにありがたみが薄れ、敬意の「不足感」を覚えるというのです（NHK放送文化研究所塩田専任研究員）。

たとえば接客業などで、「こちらにサインを頂戴できますでしょうか？」と謙譲語と疑問形の合わせた高い敬意表現に耳慣れた人は「サインしてください」ではぶっきらぼうに聞こえるかもしれません。

だからといって「お名前様頂戴してよろしかったでしょうか」のような、「お」「様」と過剰な接頭、接尾語に、謙譲語、そこに、現在なのに過去形といっ、コンビニでよく耳にするマニュアル敬語までのせて話されたら、その慇懃無礼さに、バカにされたような気分になるものです。

「～してください」は、なんら失礼ではありませんが、どうしても「不足感」を覚えるのなら、「していただけますか」という表現を用いればいいかもしれませんね。

くれぐれも、過剰敬語の罠にはまらないように。そのためにも「敬語の基本」をしっかり身につけておきましょう。

5 尊敬語を使って好感度をアップする

●相手の行為に感謝の気持ちを尊敬語で伝える

> **アリ▶** 「応援してくれて、ありがとうございます」
> **ダメ▶** 「応援させていただきまして、ありがとうございます」
> **オススメ▶** 「応援してくださいまして、ありがとうございます」

　ダメの例は、「本来、私ごときが応援するなど許されないのに、格別の配慮をいただき、応援することを許可していただき、感謝します」と自分が応援できたことを感謝する意味になってしまいます。

　相手が自分を応援してくれた、という行為を感謝するとき、相手の応援するという行為を、尊敬語で表現するのは「くださる」が一番です。

> **オススメ▶** ご利用くださり、ありがとうございます。(尊敬語)
> **オススメ▶** ご利用いただき、ありがとうございます。(謙譲語)

　上では、「くださり」で、お客に尊敬語を使って、感謝を述べています。下では「いただき」で「お客様のおかげで」と気持ちで、自分側を低めてへりくだり、お客側を高めて感謝を述べる。

　両方とも、お客様への感謝を述べているのです。

hint 49 「召す」は「着る、飲む」の尊敬語

> 「召す」は「身につけたり口にしたり」という行為者を高める表現。コートを召す、酒を召す、風邪を召すなどと使います。

●デパートの婦人服売り場で店員が客に向かって

アリ▶「よろしかったら、お召してみませんか？」

⬇

オススメ▶「よろしかったら、お召しになってみませんか？」
オススメ▶「よろしかったら、ご試着なさいませんか？」

「召す」は「着る、飲む、風邪を引く」などの特定型の尊敬語です。「外ではコートをお召してくださいね」という言い方もありますが、一般的には「コートをお召しになってくださいね」と「お〜になる」の一般型とともに使うほうがしっくりくる尊敬語です。

「お酒をお召しになりますか？」
「お風邪などお召しになりませんように」
「お歳を召す」「お歳をお召しになる」
「お気に召す」

など尊敬語「召す」の使用できる範囲は広いのです。
「召す」が使いこなせれば、敬語上級者です。

5 尊敬語を使って好感度をアップする

hint 50 「ご存じ」は「知っている」の尊敬語

「知る」という行為ではなく「知っている」という状態を高めて使う尊敬語です。

> **ダメ▶**「えー、いったいどの瞬間にご存じになったんですか？！」
> ↓
> **オススメ▶**「えー、ずっとご存じだったんですね」

「ご存じ」は継続する「状態」としての「知っている」の尊敬語です。「知る」という行為を述べたいなら、定型（お〜なる）を使って「どの瞬間にお知りになった？」と使えばいいのです。オススメ文は、「状態」としての「存じる」だから正しい表現です。

> **ダメ▶**「この方、その事実をいつご存じだったんですか。途中からご存じでなくなったんですね」
> **オススメ▶**「この方、はじめはもろもろの経緯についてご存じだったんですね。そのあと、記憶を失ったんですね」

ダメ文は、「いつ知ったのか？」と聞いているので、「ご存じ」という、知っているという状態を表わす尊敬語は使えません。

オススメ文は、ながらく知っている状態にあったものが、事故か病気で急に「知らない状態に突入してしまった」ことを述べているのです。

「ご存じ」とは、継続した状態を言うもので、ある特定の時をさして言うべき言葉。これを押さえておきましょう。

> **ダメ▶**「多分明日の朝には新聞で ご存じになる はずです」
> **オススメ▶**「多分明日の朝には新聞で お知りになる はずです」

一方で、尊敬語の「ご存じ」に対し、「存じる」はすでに述べたように「思う、知る」の丁重語（68ページ参照）です。
「失礼かとは存じますが」
「お元気のことと存じます」と、
かしこまった言い方で多用されます。
また「存じ上げる」となると謙譲語表現です。
知っている人物を高めるために、知っているという自分の状況を低めて表現するものです。

> **ダメ▶**「みなさまもよく、存じ上げていると思いますが」
> **オススメ▶**「みなさまもよく、ご存じのことと思いますが」

謙譲語「存じ上げる」を「みなさま」という相手先の状態に使ってしまっています。高めるべき相手をへりくだらせていて、おかしな表現です。この場合「みなさま」は高めるべき対象です。オススメのように「ご存じ」という尊敬語で「みなさま」を高めているので適切なのです。

「ご存じ」は、相手先の状態を高める尊敬語、「存じ上げる」は、自分側の状況を低めて相手先を高める謙譲語です。

この混同はよく見られるので、よく注意しておいてください。

5 尊敬語を使って好感度をアップする

第5章のまとめ

● 尊敬語は3パターン

① 接頭語「お」「ご」や接尾語を使うパターン

② 一般型「お(ご)〜になる」「お(ご)〜なさる」「お(ご)〜くださる」などのパターン

③ 特定型「おっしゃる」「いらっしゃる」などの言い換え型

「尊敬していないから敬語は使わない」というのは間違いです。敬語は、大人社会の対人関係を円滑にする潤滑油であり、たいへん大きな役割を担っています。使いこなせば距離感をコントロールすることすらできます。

第6章
謙譲語が使えれば敬語はOK！

謙譲語ってなに?

●尊敬語と謙譲語の「相手先の立て方」はどう違うの?

尊敬語には、相手先の行為や・ものごと・状態についてその人物を立てて高める役割がありました。直接相手をヨイショと持ち上げる方法です。「先生が外国に行く」の尊敬語は「先生が外国にいらっしゃる」でしたね。

それに対し、謙譲語は、自分側の行為・ものごとについて低めて(へりくだって)相手先を高め持ち上げる方法です。「私が先生のところに行く」の謙譲表現は「私が先生のところに伺う」です。

方法は違っても、ねらいは話題の人物(ここでは先生)を持ち上げることに変わりはありません。話題の人物を直接持ち上げて立てるのが尊敬語、自分側を低めて、相対的に相手先を持ち上げるのが謙譲語、と覚えれば間違えることはありません。

敬語において「自分側を高める」ということはありえない、尊敬語も謙譲語も相手先を高めることは同じだと覚えておきましょう。

尊敬語
相手(側)を高める

謙譲語
自分(側)を下げて、相手を高める

尊敬語と謙譲語では相手の「持ち上げ方」が違う

●謙譲語との丁重語の違いはなに？

 かつて学校では謙譲語として学んだ「参る」「申す」「いたす」「おる」「存じる」は、最新の国の敬語の指針では丁重語と分けてあつかわれます。

 その理由は謙譲語が、尊敬語同様、話す相手だけでなく相手先、話題の向かう先を高める作用があるのに対し、丁重語はもっぱら話す、目の前の相手だけにしか作用しないという違いにあります。

 たとえば、「行く」の謙譲語「伺う」は、自分を低めて相手先を高める言葉です。「先生のところに伺う」は、自分の「行く」という行為を低めて「伺う」という謙譲語で表現し、先生という相手先を高めます。

 ところが「弟のところに伺います」と言えません。なぜかと言えば、自分の「行く」という行為を低めて相手先「弟」を高めてしまっているからです。身内の、しかも目下を立てる、高めるというのは敬語としてありえないことです。

 一方「行く」の丁重語「参る」は自分の行為を低める、というところまでは謙譲語と同じですが、その結果、高めるのは向かう先の弟ではなく話の聞き手です。聞いている人に丁重に、よりていねいに目の前に人に語るのが丁重語の役割です。

●謙譲語のつくり方には３つのパターン

 謙譲語をつくるパターンには、つぎの３つがあります。

１：（立てるべき人物への、お、ご）お手紙、ご説明、など
２：「お、ご～する」（お聞きする、御案内する）などの一般型
３：「伺う」「申し上げる」「お目にかかる」「拝見する」などの特定型

 それぞれについて、このあとくわしく例題とともにマスターしていきます。

●謙譲語で気をつけるべき誤用

「お（ご）〜する」の謙譲語は、自分側の行為や状態を低めるものです。「私がお聞きします」が正しいのに、「係の者にお聞きしてください」と、相手先の「聞く」という動作に使ってしまう間違いがしばしば見られます。謙譲語では「自分側の行為を低める」のが原則。これを守れば尊敬語との混同は起こりません。「相手先の行為・状態を高めて相手を高めるのが尊敬語」でしたね。「お聞きしてください」は、「お（ご）〜する」と「ください」の謙譲語の一般型の変形です。尊敬語にするには、「お（ご）〜なる」の尊敬語の一般型を用いなくてはなりません。「お〜ください」とすれば問題はありません。

「お（ご）〜いただく」は謙譲語の一般型。"〜"には「聞く」という自分側の行為を用い「お聞きいただく」とすると、謙譲表現ができあがります。

「お（ご）〜くださる」は逆に尊敬語のパターンでしたね。"〜"には「聞く」という相手先の行為を用い、相手を高める尊敬語「お聞きくださる」の完成です。このように「お（ご）〜する」「お（ご）〜いただく」は謙譲表現、「お（ご）〜くださる」は尊敬語とこれは丸暗記してください。謙譲語では、"〜"のなかには自分側の行為を入れるのだ、と覚えてしまうことが、尊敬語との混同を避ける現実的方法です。

●使いすぎ注意報発令中！「させていただきます」

本来、相手先の許可を受け、そのことで恩恵を受ける場合に使うのが「させていただく」という謙譲表現。「本日休業させていただきます」という店の張り紙に「勝手に休んでおいて、おかしな表現だ」との反発があります。「この度ＣＤを発売させていただきました」と話す歌手に「俺は出していいなんて言ってない！」と怒る声があります。過剰にていねい語化する「させていただきます」のなぞは、のちほど説いていきます。

hint 51 　謙譲表現には3パターンある

❶「接頭語」「接尾語」をつける

接頭語の「お」「ご」をつけるだけで、謙譲語に変わります。

例：（自分から目上への）「お手紙」「ごあいさつ」

ごあいさつであれば、「ご〜する」の「する」のない形となります。

漢字の接頭語もあります。

例：弊社、拙宅、拙文、拙著

このように、言葉の頭にひと言つけるだけで、謙譲語をつくることができます。

接尾語も簡単に変身させられます。

例：私ども（私たちを言い換えたもの）、手前ども

❷「お（ご）〜する」などの「一般型」

謙譲表現も、尊敬語と同じく、一定の言葉を付け足すパターンがあります。

例：「お（ご）〜する」

「届ける」→「お届けする」、「迎える」→「お迎えする」

「案内する」→「ご案内する」など。

❸言葉ごとまったく違うものに変える「特定型」

これもそれほど、むずかしいものではありません。

「見る」→「拝見する」、「やる」「あげる」→「差し上げる」

「食べる」「もらう」→「いただく」

hint 52 ［パターン①　短い表現で謙譲語にする］

> 尊敬語と敬意を表現する点ではまったく変わりありませんが、まるで逆のアプローチをするのが謙譲語、ということを確認しておいてくださいね。

　謙譲語をつくる「お」「ご」は「自分や、自分側の行為、状態、持ち物」につける。ここはポイントです。尊敬語では「話の向こう側」について「お」「ご」をつけるのに対し、謙譲語では「こちら側」に「お」「ご」をつける。逆になるのです。

ダメ▶	（先生への）	手紙
オススメ▶	（先生への）	お手紙

　自分のものに「お」や「ご」をつけるのは、「自分や身内を高めるから」という敬語の原則に反しているのではないか、という質問がよくあります。ヒント31で見ましたがもう一度確認しておきます。

　たとえば、先生の書いた手紙「お手紙」は、先生への尊敬表現だからいいけど、自分の書いた手紙に「お」をつけるのは、おかしいのではないか、という疑問です。しかし、自分が書いた手紙でも、先生への手紙でも、つまり目上への相手先に向けたものであるお手紙の「お」は、謙譲語表現の「お」です。

　「お電話いたします」の「お」は、相手を高めるための、自分のものに対する謙譲表現としての「お」です。「ごあいさつ（申し上

げます)」の「ご」も自分のあいさつですが、謙譲を表わし、自分で自分を尊敬しているわけではありません。

> **アリ▶**（相手先に向けて）「これ、土産ですが」
> **オススメ▶**（相手先に向けて）「これ、お土産ですが」

「土産」では、受け取った者は誰からの土産なのか判断できません。一般的な土産が届いたのかなあと思ってしまう可能性があります。「ねえ、ここにある土産、誰のー？」という感じでしょうか。
　一方、「お土産」では、目の前の人が私に対し持ってきてくれたことが明確に伝わります。接頭語「お」が効いているからです。

> **ダメ▶**「連絡はいつまでにしますか？」
> **オススメ▶**「ご連絡はいつまでにしますか？」

「連絡」だとお客は、自分が連絡させられるのか、連絡をしてもらえるのかが判然としないので、判断に迷います。「ご連絡」だと、お客は目の前の人物が連絡してくるのだとわかります。

> **アリ▶**「相談、いいですか？」
> **オススメ▶**「ご相談、いいですか？」

「相談」では、お客が誰かに相談することについてたずねているようにも聞こえます。「ご相談」では、お客は、目の前の人が自分に相談したがっていることを、「ご」という謙譲の接頭語で容易に察知できます。

hint 53 漢字の謙譲表現を使いこなす

漢字の謙譲表現で自分を下げることもできます。

ダメ▶ （お客の会社に対して）「弊社は創立何年になりますかね」
オススメ▶ （お客の会社に対して）「御社は創立何年になりますかね」

相手の会社を「弊社」などと、おとしめた言い方をするのは失礼。
弊社は自分側についてのみ使う言葉。相手方には「御社」と尊敬語を使います。書き言葉なら「貴社」を使います。

ダメ▶ 「お宅の愚妻、お元気ですか？」
オススメ▶ 「うちの愚妻、やたら元気で飛び回って困ったもので」

このように、謙譲の接頭語は話し手側が自分側について述べる専用言葉であることを叩き込みましょう。

拙宅、小社、小生、愚息、愚見、粗品など。

「拙」（拙い）「小」（ちっぽけ）「弊」（古びた）「愚」（愚かな）「粗」（粗末な）という表現で、話し手側を引き下げ、敬意を向けるべき対象を高めるのが謙譲の接頭語の役割です。

> **ダメ▶** （お客に対し）「拙著を読みました。おもしろかったです」
> **オススメ▶** （お客に対し）「拙著です。お時間のあるときぱらぱらっとめくってみてください」

　ダメでは、お客の本を「拙い本」と、おとしめていて失礼。
　オススメのように、このような拙い本で恐縮ですが、暇な時間にちょこちょこっと目を通してくれればありがたい、という謙虚な気持ちが表現できています。

> **ダメ▶** 「お宅どもの提案は、実にすばらしい」
> **オススメ▶** 「手前どもの提案を評価してもらえてありがたい」

　謙譲を表わす接尾語「ども」は自分側に対して使い、自分を引き下げ、そのぶんだけ、高めるべき人を持ち上げる役割があります。
　このような謙譲の接尾語には、ほかに「〜め」「〜の者」があります。例題をつくるまでもなく、間違うことはまずないので、正しい使用例だけ書いておきます。

> **オススメ▶** 「私めなど、まるでさっぱりでございます」
> 「あいにく、家の者が留守にしておりますもので」
> 「うちの社の者を差し向けます」

　自分側を低める謙譲の接尾語としては、このくらい頭に入れておけば十分です。

hint 54 [パターン②「一般型謙譲語」]

まず、一般型の謙譲語パターンを見ていきましょう。これも簡単です。尊敬語で一般型として「お（ご）〜なさる」のような表現を紹介しましたが、謙譲語にも一般型があります。

覚えておきたい一般型謙譲語

謙譲語	使い方の例
お（ご）〜する、いたす	「お話しする」 「お話しいたします」など
お（ご）〜できる	「お届けできます」 「ご案内できます」など
お（ご）〜申し上げる	「お喜び申し上げる」など
お（ご）〜願う	「お伝え願います」 「ご協力願います」など
お（ご）〜いただく	「ご利用いただく」 「お電話いただく」など

hint 55 「お(ご)〜する、いたす」は「する」の謙譲語

まずは、簡単な「お(ご)〜する、いたす」から見ていきましょう。

ダメ▶「お客様がお話しする」「お客様がお話しいたします」

↓

オススメ▶「私からお話しする」「私からお話しいたします」

「お(ご)〜する、いたす」という謙譲語パターンです。お客の行為を低める相手先に対して使っては失礼な表現です。お客に対する敬意を表わしたいなら、尊敬語の「お(ご)〜になる」「お(ご)〜くださる」を用い、「お客様がお話しになる」「お客様がお話しくださいます」としなければなりません。

「お(ご)〜」パターンは、とくに、尊敬、謙譲の混同が多いので、「お(ご)〜する、いたす」は謙譲、「お(ご)〜になる、くださる」は尊敬とくり返し口にだして身体になじませましょう。

「ご」を使ったパターンは「ご説明する」「ご説明いたします」という具合に、原則として、「説明」のような漢語には「ご」、和語には「お」という原則はこれまで述べたとおりです。

Memo
「ご説明します」「説明いたします」「ご説明いたします」？

❶「(不在の部長さんに) ご説明しますから連絡よろしくね」
❷「(不在の部長さんに) ご説明いたしますと伝えといてね」
❸「(不在の部長さんに) 説明いたしますとこうなるんです」

①②は、この場にいない部長への謙譲の気持ちが伝わるのに対し、③はひたすら、目の前の相手への丁重さを表現するだけで、この場にいない部長を高めることにはならない、というのが敬語のお約束です。

謙譲語であるか、丁重語であるかは、敬意が第三者に向かうのか、目の前の話し相手だけにしかおよばないかに関わるのです。①「ご説明します」は、謙譲語の「お(ご)～する」の一般型。説明する自分側を低めて相手先の部長を高める謙譲語です。目の前の人には敬意を払っていませんから、ぞんざいな言い方になってしまいます。

②「ご説明いたします」は、「お(ご)～いたす」と謙譲語に、丁重さをそえた表現です。その場にいない部長に対し、自分側をぐっと低め、その結果、部長を持ち上げる表現です。敬意の向かう先は部長であり、話を聞いている目の前の相手は高める必要のない顔見知りと見えて、ごくフランクな物言いになっています。謙譲語は目の前の人ではなく、向かう先を立てるとはこういうことなのです。同じように見えて、1つだけ別種の表現が③「説明いたします」です。「説明する」という動詞に「いたす」をつけた丁重語表現です。

①②が話題の第三者についても言及することができるのに対し、「説明いたします」という丁重語は、目の前の話す相手にだけしか使えない、という点で他の2つと違っています。ここで丁重に述べているかしこまっている相手は、目の前の話をしている人です。部長に対して、丁重にものを言っているのではありません。

謙譲語は、向かう先を高め、丁重語は、目の前の話す相手に配慮します。この点を押さえておきましょう。

hint 56 「お(ご)〜できる」は「〜できる」の謙譲語

謙譲を相手に強いてはいけません。

ダメ▶「ご案内できますか？」
　　　　　　⬇
オススメ▶「まもなく私どもからご案内できます」

「ご案内できますか？」とたずねるのは、話の相手先の「案内する」という行為を低めることになってしまいます。「謙譲を強いる」ことはルール違反です。「ご」がない「案内できますか？」であれば、単なる非敬語の疑問文ですから、問題はありません。なまじ「敬意を表わしたい」と考えたことによる誤りです。

尊敬語か謙譲語かを判断してから、敬意を表現しないと、相手に謙譲表現を強いるような失礼なことになってしまいます。

尊敬表現なら、「案内する者を、おつけしますか？」「案内が必要なら、おっしゃってくださいね」。謙譲表現なら、「ご案内できますが、いかがいたしましょうか？」とすればいいのです。

オススメ▶「うちでは2日以内にお届けできます」
オススメ▶「明日には、お知らせできます」

「お(ご)〜できる」。「できる」は通常、ていねい語「ます」をつけて使用します。

hint 57 「お（ご）〜申し上げる」は「〜する」の謙譲語

「申されてください」は誤用です。

> **ダメ▶**「結果は合格です！　どうぞ、お喜び申されてください」
> ⬇
> **オススメ▶**「心からお喜び申し上げます」

　「申される」は尊敬語とは認められていません。「申す」という丁重語と「れる、られる」という尊敬の助動詞を合わせた、敬語の混用として避けるべきだとの声が大きいものです。

　「お〜申し上げる」は似た形なので、謙譲表現かというと、「れる、られる」の尊敬表現が入っているので、それにもなりえません。

　まず、「申される」は使わない、と心に決め、つぎに正しい「お（ご）〜申し上げる（する）」の形を覚えましょう。オススメの例を紹介しておきます。

オススメ
「ご案内申し上げます」「ご説明申し上げます」「ご忠告申し上げます」「ご連絡申し上げます」「ご返却申し上げます」

　「ご」には「漢語」の原則でしたね。

hint 58 「お(ご)〜願う」は「〜してほしい」の謙譲語

ビジネスシーンで、使うことの多い表現です。

ダメ▶「お伝え願われます」「お集まり願われます」
　　　　　　　　　　↓
オススメ▶「お伝え願います」「お集まり願います」

　わざわざ言葉を多くしたり、複雑な形にするのが敬語だと勘違いしている人がいます。とくに「れる、られる」で敬語になる、と勘違いしてしまうとやっかいです。「れる、られる」は尊敬表現に使うものです。「おられる」が尊敬語として広く使われていて、ほとんどこれ一本で話す人が、謙譲表現にまで「れる、られる」を使うから、ややこしくなるのです。

　「お〜願われます」はその1つの典型です。「願う」に、尊敬の助動詞「れる」を加えて「敬意」を表わそうとしているのでしょうが、形が間違っています。これでは、尊敬にも、謙譲にもならないおかしな表現です。この「変な感じ」を味わっておいてから、正しい表現の「すっきりした感じ」を噛みしめ、身体に叩き込むのが大事です。

　「ご〜願う」は、「ご協力願う」「ご配慮願う」「ご指導願う」「ご鞭撻願う」のように使います。

　ふつうの会話では「願う」にていねい語「ます」をつけて「願います」の形が一般的です。頼もしそうな感じが出てきますね。

hint 59 「お(ご)〜いただく」

　感謝を伝えたり、お願いをするときにも便利な表現で、ビジネスでは使うシーンも多いでしょう。

> **ダメ▶**「みなさまにご利用いただかれありがとうございます」
> ⬇
> **オススメ▶**「みなさまにご利用いただきありがとうございました」

　謙譲語とは「自分側の行為を低めて、相手先を高める」と言いました。この形では、「ご利用いただく」の「利用」の行為の主体は、相手先ですが、「いただく」までふくめれば、「相手先の行為による恩恵を受けた自分側」を低めて相手側を高める謙譲表現です。少々、ややこしいので、注意が必要です。

　「ご利用いただかれ」は尊敬の助動詞「れる、られる」を使っているつもりかもしれませんが、変な言い方です。

　「お(ご)〜いただく」は、感謝を述べるときにも使いやすい表現です。

> **オススメ▶**「お電話いただき、ありがとうございます」
> 「本日はご来社いただきありがとうございます」
> （打合せで）「お時間いただき、ありがとうございます」

　たいへん使い勝手のいい言葉ですね。

hint 60 [パターン③「特定型謙譲語」]

　謙譲語にも、尊敬語と同じように、特定の言葉で言い換えられる表現があります。この「特定型」を覚えておきましょう。
　それぞれの表現については、つぎのページから見ていきます。

特定型敬語をチェックして、混同に注意

普通語	尊敬語	謙譲語
する	なさる	いたす（丁重語）
いる	おいでになる いらっしゃる	おる（丁重語）
知る	ご存じ	存じる（丁重語）、存じ上げる
言う	おっしゃる	申す（丁重語）、申し上げる
聞く	お聞きになる	伺う、お聞きする
やる、与える	くださる	差し上げる、やる
たずねる（尋ねる）	おたずねになる	伺う、おたずねする
行く	お越しになる おいでになる いらっしゃる	参る（丁重語） 伺う
来る	お越しになる お見えになる、見える おいでになる いらっしゃる	参上する 伺う 上がる 参る（丁重語）
食べる 飲む	召し上がる	頂戴する いただく
見る	ご覧になる	拝見する
見せる	お見せになる	ご覧に入れる お目にかける お見せする
もらう	おもらいになる	たまわる、頂戴する、拝受する、いただく

6 謙譲語が使えれば敬語はOK！

hint 61 「伺う」は「行く、来る、聞く、たずねる」の謙譲語

「伺う」は使う頻度の高い謙譲語です。正確に使えるようにしたいですね。

ダメ▶「一度、私のところに伺ってください」

↓

オススメ▶「一度、お宅に伺ってもいいですか？」
「一度、お宅におじゃましていいですか？」
「一度、私のところにいらっしゃってください」

「行く」の謙譲語「伺う」にかぎらず、謙譲語は、相手先の行為には使えません。謙譲語とは、つねに自分側の行為についてのみ使うものなのですから、「伺ってください」という表現はありえません。「伺ってもいいですか」という表現から、「下の立場から上の立場の人に物を言っている感覚」を感じとれればＯＫですよ。「おじゃまする」も「行く」「訪ねる」の謙譲語特定型です。

ダメ▶「いい時期にうちに伺えましたね。桜がきれいでしょう」

↓

オススメ▶「いい時期に伺えました。お庭の桜がきれいですね」
「いい時期にいらっしゃいましたね。桜がきれいでしょう」

「来る」の謙譲語特定型「伺う」も自分側の行為にのみ使うもの。

相手を高めたいなら「いらっしゃいましたね」と「来る」の尊敬語「いらっしゃる」を使います。このあたりの混同に要注意。くり返し、ダメな例とその理由を理解しておきましょう。

　一方で、オススメ文には主語がありません。「伺えた」と「伺う」という謙譲語で言えるのは、話し手、すなわち「私」だと、敬語を知っている人なら即判断できるからです。つまり、この２つの文の話し手は立場が違うことがわかります。

　敬語を覚えれば、主語を省略しても誰の言葉かがわかりますね。謙譲語の正しい表現を、それを口にしている人の姿を思い浮かべながら、そのまま暗記しましょう。

> **ダメ▶**「私の話は伺いましたか」
> 　　　　　　　↓
> **オススメ▶**「あなたの話は伺いました」

　「伺う」は「聞く」の謙譲語でもあります。「謙譲語」は「自分側の行為に用いて、自分側を低め、話す相手先を高めるもの。ダメ文は「あなた」という主語が省略されています。「相手先」に謙譲語の疑問をしかけるのはとても失礼な言い方です。

　「私の」がなくて「話は伺いましたか？」だけなら、文中には登場していない高めるべき第三者（取引先の社長やお客様など）が存在することを表現しているとも考えらます。そうであればオススメ文となります。

　このように、文中に一言も触れられていない人物の立場を察知できるのも敬語の効用です。単純に、話す相手先を高めるつもりなら、尊敬語一般型の「お〜なる」を用いた「お聞きになり、ましたか」

6　謙譲語が使えれば敬語はOK！

にすべきです。オススメ文は自分側を「伺う」という謙譲表現で下げて、相手を立てているので正解。

> **ダメ▶**　「受付窓口はあちらで伺ってください」
> 　　　　　　　　　　　↓
> **オススメ▶**　「受付窓口はどちらか伺いたいのですが」
> 　　　　　「受付窓口はあちらでおたずねになってください」

　日本語ではしばしば主語が省略されます。
　ダメ文の「伺う」の主語は、受付窓口を知りたがっている会話の相手「あなた」です。自分側を低めるのが謙譲語なのに、相手先を低めているから、間違いですね。「伺う」を尊敬語と混同してしまっているようです。尊敬語を使いたいなら「お〜なる」の一般型に「たずねる」をはめ込んだ「あちらでおたずねになってください」とすればいいのです。
　オススメ文では、主語は、この文章の話し手「私」です。自分の行為に「伺う」と謙譲語を用いている正しい文です。
　このあたりは、くり返し身体に感覚として叩き込むべきです。

hint 62 「申し上げる」は「言う」の謙譲語

丁重語「申す」とは別に、謙譲語「申し上げる」があります。

ダメ▶ 顧客、取引先に「社に戻り上の者に申し上げます」

⬇

オススメ▶ 顧客、取引先に「では私から申し上げます」

どちらも、会話の相手、ありがたい顧客、取引先は、高めるべき対象です。

ところがダメな文では、謙譲語「申し上げます」で自分の「言う」という行為を低めて、「社の上の者（自分の所属する会社の上司＝身内）」を高める表現になっています。敬語の原則「＜ウチ＞は高めない。高めるのは＜ソト＞」がありましたね。たとえ、社長であろうと＜ソト＞に対しては＜ウチ＞を高めた表現を使わないのが日本の敬語の原則です。

このような間違いが起きるのは、「申し上げる」という謙譲語と「申す」という丁重語を混同しているからです。「申し上げる」は、話し手が話題の人物を高める表現です。

ここでは「上の者」という「身内」を高めていますから誤用というわけです。「上の者に申します」は問題ありません。「申す」は丁重語で、目の前の顧客、取引先にかしこまって述べているからです。具体的には上の場面では以下のように答えれば完璧です。

「いま伺ったお話について、さっそく上の者に、申し伝えます」

これは「身内である自分の上の者」を高めることにはならず、単に話を聞いている目の前の顧客や取引先に、丁重に話をするために「申し、伝える」と言っているのですから、問題はないのです。

丁重語の「申す」、謙譲語の「申し上げる」は似て非なるものだと確認しておきましょう。

オススメ文は、自分の「言う」という行為を「申し上げる」という謙譲語で低め、相対的に顧客、取引先をねらいどおり、高めています。

> **Memo**
> ### 日本とまるで違うお隣韓国の敬語事情
>
> 日本語の敬語のように、「ウチとソト」で敬語の形を変えるスタイルを「相対敬語」といいます。
> お隣韓国では、「父母始め年長の身内や、自社の社長」など「高めるべき人」は、ウチにあってはもちろん、ソトに対しても敬語表現を用いる「絶対敬語」が基本です。
> 韓国では、大事な取引先に「うちの社長様がおっしゃっていました」と言うのが常識です。「社長が言っておりました」などと言うと、「君は自分の大事な社長を尊敬もできない恩知らずなやつなのか！　君とは取引しない。帰れ！」とどなられるのが落ちです。
> 「この料理は、うちのお母様から教えていただいたんです」日本でこう言えば「自分の母親に敬語使ってどうするんだ！」とバカにされますが、韓国は逆です。「母から習いました」などと言うと「あなたはお母様を尊敬していないのですか！」とあきれられることになります。「上司、先輩、父母祖父母、姉兄、その他年長者は絶対的に、尊敬すべき対象」なのです。ウチであろうと、ソトであろうと、「高めて表現する」。これを日本の「相対敬語」に対し「絶対敬語」というのです。

hint 63 「存じ上げる」は「知る」の謙譲語

丁重語「存じる」とは別に、謙譲語「存じ上げる」があります。

ダメ▶	「弊社の案件は以前から存じ上げておりました」
オススメ▶	「お客様の案件は以前から存じ上げておりました」

「申し上げる」が謙譲語、「申す」が丁重語、と同じように「存じ上げる」は謙譲語、「存じる」は丁重語。

せっかく「弊社」と、自分の会社を低める謙譲表現にしていても、「弊社の案件」という＜ウチ＞を、「存じ上げる」という謙譲表現で高めてしまっています。「＜ウチ＞のものは高めない」というルールに違反しています。「存じておりました」と丁重語であれば問題なしだったのですね。

オススメ文では、自分の行為「知る」を低める謙譲語「存じ上げる」を使っており、対象となる「お客様の案件」を高めていますから、適切です。

hint 64 「差し上げる」は「やる、あげる」の謙譲語

「差し上げる」も使う頻度の高い謙譲語です。

> **ダメ▶**「お客様から、うちのスタッフに差し上げてください」
> **オススメ▶**「うちのスタッフからお客様に差し上げます」

　ダメ文では「やる、あげる」の謙譲語「差し上げる」の行為者は「お客様」になっています。高めるべき人を低めるのは明らかに間違い。「ください」というていねいな語尾をつけても、「お客様」を高めることにはなりません。「謙譲語」+「ください」で、「尊敬語」になる、と勘違いする人がいます。「いただいてください」のような例ですね。「そんな言い方はない！　NG!!」を、確認しておきましょう。正しく言うなら「召し上がってください」という尊敬語を使います。

　このダメ文を言い換えるなら以下のようになります。

> **オススメ▶**「お客様から、うちのスタッフが頂戴します」（謙譲表現）
> 「お客様から、うちのスタッフに、お渡しください」（尊敬表現）

　オススメ文は、スタッフの行為を下げて、お客を高める、正しい謙譲表現「頂戴します」を使っています。もう一方は「お渡しください」という正しい尊敬表現です。

ダメ▶	「商品が届きましたら、弊社の担当者まで<mark>ご連絡差し上げてください</mark>」
オススメ▶	「商品が届きましたら、弊社の担当者まで<mark>ご連絡ください</mark>」

「連絡する」という行為者はお客様です。ダメ文では、お客の行為を低める謙譲語を使っているから、お客様の機嫌を損ねてしまいます。

オススメ文のようにお客の行為「連絡」を「ご〜ください」という尊敬語の一般型にあてはめて、お客を高めた表現になっているので、納得してくださるのです。

大事なお客など、目上の行為を低めてはなりません。これを肝に銘じてください。そのためにも、軽い敬意を表わす「ください」をそえても、謙譲語で相手先を引き下げては「まずい！」のです。そのことをいつも頭に入れておきましょう。

「謙譲語＋ください」を相手先に使うのは間違い！

ポイント 「行為の主役」が相手側か自分側かを考える

hint 65 「拝見する」は「見る」の謙譲語

「拝見する」の誤用が目立ちますので気をつけましょう。

> **ダメ▶** （駅員がお客に）「時刻表を拝見してから切符を購入してください」
> **オススメ▶** （駅員がお客に）「時刻表をご覧になってから切符を購入してください」
> **オススメ▶** （駅員がお客に）「切符を拝見させていただきます」

「拝」がついたら「謙譲語」です。相手先には使いません。「時刻表を、ご覧になってから」と、お客には「尊敬語」を使います。

お客に切符を見せてもらうなら、車掌が、自分の「見る」という行為を低める謙譲表現を使う「お客様、（車掌の私が）切符を拝見します」という場面です。

「この本、拝読してください」も「必要なら私から拝借してくださいね」も「あなたを○○大臣に拝命します」も「名誉県民賞を拝受してくださいね」も、すべてダメです。「相手先に謙譲語は使えない」→「相手先に、"拝"という表現は使えない」からです。

「拝」のつく表現は、謙虚な姿勢を演出しやすい表現ですので、ぜひとも使いこなしたいものです。

つづけて、地図を手に道に迷っているらしい人に声をかけるときを見てみましょう。

> **オススメ▶**「(助けてあげようと親切そうな笑顔で近づき) その地図、ちょっと拝見していいですか？」

　「拝見」という短い言葉で十分、謙譲の気持ち、相手を思いやる感じが表現できます。
　これを「見せてもらってもいいですか」のように、相手の許可をえる「もらう」にていねい語「です」の疑問形「ですか」をつけるのは、少々、押しつけがましい感じがしないとも言えません。
　フレーズが長く持って回った言い方になっているので粋ではない、と言いましょうか。
　「ちょっと拝見」のほうが、すっきりしていませんか？　会話にはこういう「語調（言葉の調子、響き）」も大事です。手短に謙譲を伝えるとき「拝」は、使い勝手がいい言葉です。

● 「量が多いんだけど読める？」と上司に資料を渡されたとき

> **オススメ▶**「はい、さっそく拝見します」
> 「はい！　さっそく拝読します」

　きびきびしていていいでしょう。
　次に音素材があがってきたので聞いてほしいという制作部門の先輩に対し、営業マンの答え。

> **オススメ▶**「ありがとうございます！　すぐ拝聴します！」

　上司、先輩、お客様への対応の速さを「拝」という言葉で表わすことができる、なかなか使える謙譲表現ですね。

ちょっと「デキル」感じを出そうとして、失敗してしまうのが、こんな表現です。

> **ダメ▶**「先日お渡しした資料、拝見されましたか？」
> **ダメ▶**「先日お渡しした資料、拝見いただきましたか？」
> **オススメ▶**「先日お渡しした資料、ご覧いただけましたか？」
> **オススメ▶**「先日お渡しした資料、お読みいただけましたか？」

　あくまで相手先には使えないのが、大原則です。いくら「ください」をつけても尊敬語にはなりません。くれぐれも間違いのないようにしましょう。

> **Memo**
> ### 政治家に多い「を」入れ言葉
>
> 　「拝」の正しい使い方は、「このたび〇〇大臣を拝命した大沢でございます」というようなものです。
> 　ところが、これに似ているけど冗長で変な言い方があります。
> 　「このたび〇〇大臣を拝命をいたしました大沢でございます」
> 　「拝命する」という謙譲語の動詞に「を」を入れ、無理矢理、名詞化して、「いたしました」、という丁重語をそえて、二重の謙譲で馬鹿ていねいにしている政治家はめずらしくありません。
> 　これをまねて「支店長を拝命をいたしました」と「を」をムダに２回も入れることはむしろ下品ですからやめるべきです。
> 　「拝命」はそれだけで立派な格調高い謙譲語の動詞です。拝では不必要な「を」入れ言葉、にも気をつけましょう。

hint 66 知っておくとカッコいい漢字の敬語

ふつうの表現	漢字の敬語	コメント
お元気そうで、なによりです	ご健勝で、なによりです	あいさつで使う言い回し
見てくださいね	ご笑覧ください	「つまらないものですが」という謙遜を示す
見てくださいね	ご高覧ください	相手を尊敬するニュアンスが出せる
いろいろ教えてくださいね	ご指導、ご鞭撻のほどよろしくお願いします	目上に対して使う表現
お顔が見たいです	ご尊顔を拝したいと存じます	メールや手紙でよく使う
本当にすみません	平にご容赦願います	相手に謝るときに使う表現
先方はすごく怒ってます	先方はいたくご立腹のご様子です	トラブルのときに、冷静な感じが出せる
すばらしいお話を聞きました	ご高説を拝聴しました	「すばらしい」というのは直接的で失礼なときも…
忙しいのに	ご多忙のなか、ご多用中、お忙しいなか	時間をもらうことへの感謝
なんの用事ですか？	どのようなご用向きでしょうか？	直接的に言うより上品に伝わる
担当の人に言っといて	ご担当者様にお伝えください	電話や受付で使える表現
見る目があるね	お目が高い	相手を持ち上げる表現
受け取ってください	ご査収ください	メールなどでも使える表現
受け取りました	たしかに拝受しました	相手を立てた表現
気を遣ってもらって	ご高配をたまわり	お礼とともに使う
静かにしてください	ご静聴願います	大人に「静かにしてください」は角が立つ
聞いてくれてありがとう	ご清聴ありがとうございます	プレゼン後などに使える。「静聴」との混同に注意

6 謙譲語が使えれば敬語はOK！

hint 67 「承(うけたまわ)る」は「聞く、引き受ける、承諾する」の謙譲語

「承る」をうまく使えれば、大人の物言いになります。

> **ダメ▶** 「お客様、その件はあちらの者に承ってください」
> ↓
> **オススメ▶** 「お客様、その件は私が承ります」
> **オススメ▶** 「お客様、その件はあちらの者にお聞きになってください」

　謙譲語に、「ください」をくっつけても、尊敬語にはならない、ということはすでに述べましたね。これも同じ間違いパターンです。
　正しくは「お聞きになってください」(「お〜なる」と「ください」からなる尊敬語)」または「お聞きください」(「お(ご)〜ください」の「お願い」の尊敬語) です。

> **ダメ▶** 「こちらで贈答用の包装を承ってくれるの？」
> ↓
> **オススメ▶** 「こちらで贈答用の包装をお願いできるの？」
> **オススメ▶** 「こちらで贈答用の包装を承ります」

　「承る」は「引き受ける」の謙譲語でもあります。
　ダメでは「引き受けてくれるの？」と聞くところを、乱暴な言い方だと感じ、謙譲語の「承る」を「相手先」、すなわち「お店の人」に使っています。謙譲語は「相手先の行為には使わない。命令や依

頼にも使わない」というのがお約束。

敬語の誤用が、会話をとんちんかんにしています。自分を上品に見せたいという意図がある依頼や軽い命令の場合「くださる」「いただく」を用いるべきです。

> **ダメ▶** 「包装して<u>くださる</u>の?」(尊敬語で、自分を上品に見せる)
> ⬇
> **オススメ▶** 「包装して<u>いただける</u>の?」(謙譲語で、自分を上品に見せる)

「包装してくれますか?」と「〜くれる」という、依頼の動詞に「ますか?」というていねい語の疑問形で十分です。オススメ文は丸暗記してください。

「承る」は「承諾する」という意味の謙譲語でもあります。

> **ダメ▶** 「もうけは折半で、<u>承ってくださいね</u>」
> **オススメ▶** 「もうけは折半ですね。<u>承りました</u>」

相手先に謙譲語を突きつける、強いるのはNG、という感じが体得できてきたはずです。「ください」とていねいな語尾にしても、敬語として成立していません。ここまで読んだあなたは、すでにこの文はおかしいと感じるはずです。

正しく言うには「折半で、引き受けてくださいね」となります。尊敬語にするなら「お〜ください」で「お引き受けくださいね」となります。

コラム

「承知する」「了解する」は謙譲語なの？

「承知する」とは「理解している」「知っている」、相手の命令依頼を引き受けるという意味があります。「承知する」と「承」の字が「承る」なので、謙譲語であるとする人もいます。

「承る」は「聞く、わかる」の謙譲語です。自分側に使い自分を低め相手先を高める。相手先に「承れ！」と命令や指示、依頼のできない、典型的な謙譲語です。ところが「承知する」単独では敬語の丁重語や謙譲語とは言えません。

同僚同士が「君、例の話は？」「ああ、承知してる」という具合に交わされる場合は、丁重表現でも謙譲表現でもなく、単に「理解済みである」と非敬語で伝えているにすぎません。

「みんなも承知してくれるな」「承知しておいてくれ」と相手に「承知」という行為を強いることも自然に行なわれます。

「承知できないなあ」と言っている人間は、自分を低めて誰かを高めているわけでもありませんから、謙譲語ではありません。「承知する」を謙譲語と見るのには無理があります。

しかし、「承知する」は、しばしば「しました」「いたしました」「しております」といった「ていねい語」や「丁重語」と結びついた表現として会話に登場することがあります。

「こういうことでいかがかな？」

「承知いたしました」

「お宅の社長、こんな金額でよかったって言ってるかい？」

「はい、(うちの社長は) 承知しております」

こういう場合の「承知する(納得、理解する)」は、行為者が自らを低め、相手先を高める謙譲表現となったり、「承知しております」という発言者が、目の前の話す相手を丁重にもてなすときに用いられる、という点では敬語的な言葉と言えます。

「承知する」は「敬語か？　敬語ではないか？」と二者択一で考えるより、「あらたまった場面でよく聞く言葉」であり、丁重語、謙譲語のような役割を果たしてくれる便利な言葉として知っておくのも損はありません。

「承知」＋「しました」「いたしました」「しております」

このように、ていねい語、丁重語と組み合わせて、「敬語的」な役割を果たす便利な言葉であると覚えておけば十分です。

「了解する」についても、一般的には、失礼ではありません。「了解しました」を相手に向かって口にするのはなんら問題ありません。

しかし、「失礼だ」と言い張る人には、使わないほうが無難です。言葉や敬語の「揺れ(変化)」については不寛容な書物も相当出回っていて、それを鵜呑みにしている人が少なくないと思われるからです(おられる×、とんでもございません×のような本と、その読者)。

「了解とは相手からの指示命令に対して納得すること」(新明解国語辞典)。むしろ「下から上」に向かうので、謙譲的な言葉です。

「了解」は無礼で、「かしこまりました」「承ります」にせよ、などという古めかしい表現を押しつけるのは少々無理があると思いますが、「正しい」と思っても、相手が「失礼」と思うものは避けるのが賢明と言っておきましょう。

hint 68 「いただく」は「もらう、食べる、飲む、〜してもらう」の謙譲語

プレゼントしたり、食べることや飲むことをすすめたりするとき、ていねいな言い方をしようとして、間違うケースがあります。

ダメ▶	「ありがたく、いただいてください」
	↓
オススメ▶	「ありがたく、いただきます」
オススメ▶	「どうぞお持ちください」
オススメ▶	「どうぞ召し上がってください」

「いただく」は、目上から、与えられたり、食べさせてもらったり、飲ませてもらったりという、「恩恵」をほどこされたときに、謙遜や恐縮する気持ちを表わす謙譲表現です。謙譲語で命令、指示、依頼をするのはルール違反でしたね。

「出演者のみなさま、このおいしいお料理、どうぞいただいてください」と、テレビの料理番組でシェフが言うことがありますが、誤用です。有名シェフの料理を食べる出演者が、謙譲表現で「いただく」と言うのがふつうです。シェフが発言する場合には、「どうぞ、召し上がってください」と「尊敬語」を使います。

知り合いの家に招待されたとき、あまりの豪華料理を前にし、ふだんは食いしんぼうの息子が、変に遠慮して手を出さない、などという場面で、母親がたまらずに言います。「ほらほら、太郎、おいしそうなお料理でしょ。いっぱいいただいて」これならOKですね。

hint 69 「頂戴する」は「もらう」の謙譲語

「もらう」は、謙譲語「頂戴する」で言い換えられます。

ダメ▶「つまらないものですが、どうぞ頂戴なさってください」

⬇

オススメ▶「いつも（土産など）頂戴するばかりで恐縮です」

「なさってください」という「なさる（尊敬語）＋ください（ていねい表現）」で、敬意を表わそうとしている努力が、「頂戴する」という謙譲語を相手先（客）に使って台無しになっている表現です。

「頂戴する」は、謙譲語ですから自分側の行為にしか使えません。相手先に使うと失礼になります。

謙譲語を相手先に強いることがタブーであるということをしっかりと身体に叩き込んでおきましょう。

オススメ文のように謙譲語を使い、「手前ども」とか「うちが」という主語を省き、自分達が「もらう」という恩恵に浴していることをさりげなく恐縮する話し方は、大人っぽくおしゃれな技です。

「頂戴する」は、「いただく」より、あらたまった、厳かな感じさえする言葉。びしっと決めるときには適切ですが、連発すると、慇懃無礼になりますのでご注意を。

Memo
「お名前様頂戴できますか?」の起源は英語?

「お名前様頂戴できますか?」
この表現の起源は英語の "May I have your name?" だという説があるようです。
さすがにフランクなアメリカのホテルでも、接客のとき、"What is your name?" と、職務質問のような言い方はしません。「お名前は?」というぐらいの気持ちで使用されるのが "May I have your name?" という表現です。
これが、外資系のホテルやファミリーレストランのマニュアルに持ち込まれ、直訳された結果、

「あなたの名前を持ってもいいですか?」

⬇

「お名前様頂戴できますか?」

に変わったのではないか、という見方です。
現実には日本の一流ホテルで、こんな馬鹿な言い方をしているところは、私の知るかぎりではありません。
アルバイトが接客する居酒屋かファミレスあたりで使用される程度でしょう。丁重に失礼のないようにという意識が空回った表現です。
名前を丁重にたずねたいのなら、「伺う」という「聞く」の謙譲語を使い「お名前をお伺いできますでしょうか?」を使うのがいいでしょう。クッション言葉「失礼ですが」とそえるのもいいでしょう。

hint 70 「させていただく」は「する（させてもらう）」の謙譲語

> よく耳にする「させていただく」を見ていきましょう。

　政治家や、ビジネスマンや、芸能人や、メディアに登場する人に連発して使う人が目立つ表現「させていただく」。

　みなさんも職場でなにかと言えば、「させていただく」を口にする人に、違和感を覚えたことはありませんか。「いやいや、とても便利で私もしょっちゅう＜使わせていただいています＞」なんて方がいるかもしれません。しかし、この傾向を苦々しく思う人も少なくありません。ここで、本来の「させていただく」の基本を押さえておきましょう。

　「させていただく」は「させてもらう」の謙譲表現です。本来「許可や恩恵を受ける」場合に使う「受恵表現」としての謙譲語です。「相手の許可や、同意を得て、恩恵にあずかる」場合の謙譲表現として使用するものでした。

　それが、いまでは、「ていねい語」や「丁重語」のように、「ごていねい感」「おごそかな感じ」を表わしたい、という目的で使われることが増えました。「それでいいじゃないか」という人と「行き過ぎはおかしい」という人に分かれています。

　2007年の「指針」でも、この言葉については特別に項目を立てて「状況場面で、適不適を考えよう」と提案しています。

6 謙譲語が使えれば敬語はOK！

> **ダメ▶** 「反省させていただきました」
> **オススメ▶** 「反省いたしました」

　「反省する」ことについて、他人が「許可」も「同意」も「恩恵」も与えたわけではありません。自業自得あるいは勝手に反省せざるを得ない立場に追い込まれた立場の人物が、許可も同意もなく、一方的に「反省」すると、宣言しているだけです。

　「大きなミスで、あれだけ苦労し、改善に努力したんだから、反省させてやってもいいんじゃないかな」
「そうだよな」「じゃあ、改めて、反省させてやるから、思う存分反省しなさい」ということではないのです。

　このように、際限なく広がる「させていただく」は、過剰敬語の元凶と感じる人がいることを考え、乱発は避けるべきです。

> **オススメ▶** 「無理を言って、別の授業を受講させていただきました」

　この文では、本来受けられない授業を、特別な配慮で受けさせてくれたわけですから「受けさせていただく」と、謙譲表現で「感謝の意」を使えるのは当然のことです。

> **ダメ▶** 「山田ですか、本日、風邪を引かせていただきまして…」
> ↓
> **オススメ▶** 「山田ですが、本日、風邪で休んでおります」

電話をかけてきた人が、「山田には、風邪を引かせてやろう」と許可したわけではありませんし、「風邪を引いてください」と依頼したわけでもありません。

　こういう言い回しに、「ふざけるな」と電話口で怒る人がいてもおかしくありませんから、要注意です。

> **オススメ▶**「コピーをとらせていただきます」

　コピー機の所有者か、コピーをとる本や資料を貸してくれた人への許諾に対する「受恵」を表わす謙譲語として、十分要件を満たしています。それと同じで、先ほどの「本来とは別の授業」を受けられたことを「ありがたい」と感じる「受恵」の意味のこもった謙譲表現です。

　指針では「○×大学を卒業させていただいた」という表現に、疑問を投げかけています。なにか、裏工作でもしてもらって、本来卒業できないところを、特別な計らいで卒業させてもらったように感じる人がいるかもしれないとの懸念を述べています。

　ビジネスシーンでよく例に出る、電話の相手に、自社の社員が休みを取っていることを告げる表現も、問題視する向きがあります。

> **ダメ▶**「渡辺は休みを取らせていただいております」
> 　　　　　↓
> **オススメ▶**「渡辺は本日休んでおります」

　電話の相手が「休んでいいよ」と許諾を与えているわけでもないのに「休みを取らせていただく」という言い方は、なじまないと感

じる人がいるのです。

　社外の人から、所属を聞かれて「営業の仕事をさせていただいております」と答えたり、勤続年数を聞かれて、「30年ほど勤務させていただいております」と答えるのも、変だ、という声があります。

　雇用主に感謝の気持ちで言うのなら適切でも、赤の他人に「させていただく」を使うときは、別の言い方があればそちらを考えるべき言葉です。

　「営業の仕事をしております」「30年ほど、勤務しております」（「おる」という丁重語を使う）という具合ですね。

> ### Memo
> ### 「させていただきます」連発は慇懃無礼？
>
> 　ある選挙で立候補した人が街頭演説で、こんな言い回しをくり返されていたことが記憶にあります。
> 　「かつて私も不祥事を起こさせていただいたことがございますが、いまではしっかり、県民の皆様にご支持をいただき、働かせていただき、汗を流させていただきたいと願わせていただきたいと、まあ、そんなふうに考えさせていただき、出馬を決意させていただいた次第です。私に言わさせていただければ現政権は談合と癒着だけで成り立っていると言わせていだきたいと思います」
> 　ね、同じ表現のくり返し、しかも不適切な使用、うっとうしいでしょう？
> 　敬語で注意したいのは「同じ表現をくり返すと、慇懃無礼になる」という点だということを知っておいてくださいね。
> 　敬語は、多様に、多彩に。そのためにも、敬語の基本をしっかり学ぶ必要があります。

hint 71 「お目にかかる」は「会う」の謙譲語

「会う」には特定の謙譲表現「お目にかかる」があります。

ダメ▶「一度お目にかかりたいですか？」

⬇

オススメ▶「ぜひ一度、お目にかかりたいものです」

「お初にお目にかかります」のように「お目にかかる」は自分側の行為に使うもの。相手への問いかけに使ってはいけません。謙譲語は自分側の行為に使う、という公式を思い出しましょう。

「お～する」の一般型「お会いしたい」より、あらたまった言い方です。特定型のあるものは特定型のほうが、より敬意が高い、という見本ですね。

ついでに「お目に留まる」という言葉がありますね。えらい人に「お、なかなかやるなぁ」と気づいてもらうことを意味します。敬語（言葉の敬語）をすらすら話し、しかも態度としぐさ（態度の敬語）をそえて、自信を持って働く姿は、かならず誰かが見ています。人間関係におおいに役に立つはずです。

hint 72 「お目にかける」は「見せる」の謙譲語

「見せる」には特定型謙譲表現「お目にかける」があります。

> **ダメ▶**「一時も早く、新製品を我々にお目にかけてくれる？」
> **オススメ▶**「一時も早く、新製品をお目にかけます」
> **オススメ▶**「一時も早く、新製品を拝見したいなあ、いい？」

　ダメ文をそのまま正しく伝えるには、「拝見」という謙譲語を使えば自然ですね。

　一方、「お目にかける」の使い方としては、「新製品をお目にかけます」と相手先への表現にすることが肝心です。

　なかなか新製品を見せてくれない相手に「皮肉」をこめて、なかば冗談として、「お目にかけてくれる？」というわざとおかしな謙譲語を使っているなら、それは１つの「戦略」です。しかし、単に「敬語を知らない人」と思われる確率のほうが高いでしょう。「相手の行為に謙譲→間違い」、という形式を守るのが無難です。

　「お目にかけます」は「お（ご）〜する」の一般型「お見せする」より、ワンランク敬意の高い表現です。こういう言葉を使えると「大人だなあ」と尊敬されます。覚えておきましょう。

　作品や製品などは、「お目にかける」「お見せする」「ご覧いただく」という言葉で相手先を高めることができます。

　「今度入社した新人達をちらっとお目にかけましょうか？」

　というふうに、人物について使うことがありますが、これは、軽

く顔を見せる程度の場合にかぎります。

「ほー、なかなかかわいい子が入ったねえ」程度の感想を期待するときには問題ないでしょう。

上司、顧客などの目上に紹介する場合は「見せる」のではなく、きちんと「紹介」すべきですから「お目にかける」は不適切です。

ダメ▶「今度、ぜひ上司の中田を お目にかけたい のですが」

↓

オススメ▶「今度、ぜひ上司の中田に 会っていただけますか？」
オススメ▶「今度、ぜひ上司の中田を ご紹介させて ください」

大事な商談につながる人物を紹介するのに「お目にかける」はあまり適切とは言えません。謙譲語を使って、かえって失礼だったということのないようにしましょう。

こういうときに、中田がいかにすばらしいやつかばかりでなく、おっちょこちょいで人間的な、ドジなやつであるという面も披露しつつ、仕事には、とても前向きで明るくタフであるという両面を、きっちり伝えることが肝心です。

へりくだりすぎたり、賞賛しすぎたりするのは、相手を警戒させるものです。興味を起こさせるには、個性的で、人間味あふれる人物である、スキル以上に人間として、仲間として交流したいという意欲をわかせる人物として紹介する。そのために多彩な表現が求められます。

こういうときに、自然に口をついて出てくる敬語を浮き立たせるように、ざっくばらんなタメ語も時折、失礼のない範囲で混ぜるのもコツなのです。

第6章のまとめ

● 謙譲語とは、立場上「上」の人物を高く遇するため、自分を低く位置づけるときに威力を発揮する、言語的戦略、武器が謙譲語

① 「接頭語」「接尾語」をつける

② 一般定型形（「お（ご）〜する」など）

③ 言葉ごとまったく違うものに変える「特定型」

これらを覚えやすい順番にマスターすることを目指してきたわけです。敬語のトラブルは、謙譲語と尊敬語の混同が大部分。なかでも謙譲語が一番ややこしいという声を聞きます。でも、ここまで読み進んだ人にとっては、むずかしかった謙譲語が、いまや人間関係を円滑に進めるための大きな武器だと感じているのではないでしょうか？

おわりに

『敬語力の基本』はいかがでしたか？

本書の執筆動機は、既存の「敬語本」への強い違和感です。

「敬語本」は、受付、電話応対など場当たり的に暗記させるもの、重箱の隅をつつくように、敬語の誤用を指摘する狭量なものが大半でした。たとえば、「とんでもございません」を「×」と切り捨て、「とんでものうございます」を「○」とするものまであります。いまどき、日常会話で使う人がどれだけいるでしょうか？　一方、「敬語は相手を敬う心です」と説く道徳の教科書みたいなものがあります。敬語は、心から尊敬する人に向けて使うとはかぎりません。理由もなく怒鳴りちらすダメな上司、理不尽な文句ばかり言うお客にこそ、敬語を使わなければならない場面がありませんか？

敬語には、人間関係の距離感や親密さをコントロールする重要な役割があります。本書は、みなさんが本当に知りたい「職場や地域での対人関係でリアルに役立つ敬語」を目指して書き上げました。

国語専門書には、その点に言及したすぐれたものが数多くあります。でも、「難解だ」「値段が高い」などの理由で、一般の若い人たちが手にすることは、あまりないかもしれません。

本書は、敬語の基本をおさえ、豊富な例文とともに実践的で読みやすく、手ごろな値段のもの、という点にねらいを定めました。「敬語を使わない敬語」など、簡単なものから入り、無理なく読み進められるように工夫をしました。読後、「敬語は弱者の武器になる」と実感してもらえれば、本書の目的は達せられたと言えます。

みなさんが、「敬語力の基本」を身につけることを祈って。

著者

参考文献

井上史雄『その敬語では恥をかく！』PHP新書

尾崎喜光『しくみで学ぶ！　正しい敬語』ぎょうせい

蒲谷宏他『敬語表現教育の方法』大修館書店

北原保雄監修／菊地康人編集『敬語（朝倉日本語講座8）』朝倉書店

北原保雄監修／荻野綱男編集『言語行動（朝倉日本語講座9）』朝倉書店

鈴木昭夫『5つのパターンで応用自在　敬語　速攻マスター』日本実業出版社

梶原しげる『すべらない敬語』新潮新書

参考資料

「敬語の指針」文化審議会答申

梶原しげる（かじわら しげる）

1950年神奈川県生まれ。早稲田大学卒業後、文化放送入社。92年からフリーアナウンサー。テレビ、ラジオの司会を中心に活躍。2002年東京成徳大学大学院心理学研究科を修了。シニア産業カウンセラーの資格をもつ。現在、東京成徳大学応用心理学部客員教授、日本語検定審議委員も務める。日経ビジネスオンラインにてコラム「プロのしゃべりのテクニック」連載中。おもな著書に『すべらない敬語』『口のきき方』『そんな言い方ないだろう』（以上、新潮新書）、『毒舌の会話術』（幻冬舎新書）、『最初の30秒で相手の心をつかむ雑談術』（日本実業出版社）ほか多数。

敬語力の基本

2010年5月1日　初版発行
2013年2月20日　第10刷発行

著　者　梶原しげる　©S.Kajiwara 2010
発行者　吉田啓二

発行所　株式会社日本実業出版社　東京都文京区本郷3-2-12 〒113-0033
　　　　　　　　　　　　　　　　大阪市北区西天満6-8-1 〒530-0047
　　　　編集部　☎03-3814-5651
　　　　営業部　☎03-3814-5161　　振　替　00170-1-25349
　　　　　　　　　　　　　　　　　http://www.njg.co.jp/

印刷／壮光舎　　製本／若林製本

この本の内容についてのお問合せは、書面かFAX（03-3818-2723）にてお願い致します。
落丁・乱丁本は、送料小社負担にて、お取り替え致します。

ISBN 978-4-534-04701-4　Printed in JAPAN

仕事の基本を身につける本

下記の価格は消費税(5%)を含む金額です。

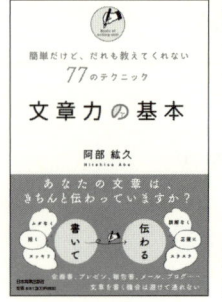

簡単だけど、だれも教えてくれない77のテクニック
文章力の基本

阿部紘久著
定価 1365円(税込)

「ムダなく、短く、スッキリ」書いて、「誤解なく、正確に、スラスラ」伝わる文章力77のテクニック。多くの文章指導により蓄積された豊富な事例をもとにした「例文→改善案」を用いながら、難しい文法用語を使わずに解説。即効性のある実践的な内容。

常識以前の
仕事のルールとマナー

白沢節子著
定価 1260円(税込)

ビジネス社会にはさまざまなルールとマナーがあり、できる人ほど基本をしっかり身につけているもの。本書では、社会に出たら知らないではすまされない言葉づかいのルールやあいさつ、身だしなみ、スマートな仕事の進め方などを楽しいイラストで解説。

人に好かれる
ものの言い方・伝え方のルールとマナー

古谷治子監修
定価 1260円(税込)

「思っていることをうまく伝えられない」「こんなときはどう言えばいいの?」ビジネスには必須の会話のルールとマナーをやさしく紹介。コミュニケーションをスムーズにし、あなたの印象もアップさせるための"ちょっとしたコツと言い回し"を数多く紹介。

定価変更の場合はご了承ください。